稲見 亨 著

ドイツ会計国際化論

東京 森山書店 発行

序　文

本書の目的

　本書の目的は，1990年代後半から現在までの，ドイツの会計国際化対応の現状と特徴を明らかにすることである。

　いま，会計領域のグローバル・スタンダードといわれる国際会計基準（IAS）/国際財務報告基準（IFRS）をめぐって，2005年を1つの目安に，世界各国で新たな取り組みが始まっている。とくに欧州連合（EU）では，2005年以降，域内資本市場へのIAS/IFRS導入が確定し，その数7,000社といわれる対象企業が，一斉にIAS/IFRSの適用を開始する（いわゆる「2005年対応」）。このEUの動きは，わが国の国際化対応のスタンスにも，少なからぬ影響を及ぼすことになろう。

　IAS/IFRSへの対応問題に関するわが国の研究は，従来その多くが，イギリス，アメリカを中心とするアングロサクソン諸国の会計制度の視点から分析されてきたといっても過言ではない。また，IAS/IFRSそれ自体についても，アングロサクソン諸国の意向が強く反映しているといわれる。こうしたアングロサクソン諸国を経由した情報・研究成果に対して，本書は，EUのなかでも，とくにドイツに代表される非アングロサクソン諸国の国際化対応に関する分析から新たな視点を抽出し，わが国の国際会計研究の総合的補完を図ることを目的としている。同時に，アングロサクソンモデル重視の傾向に対して独自のスタンスをとるドイツの制度分析は，わが国のIAS/IFRS対応問題の整理に有用な視座を提供することになるであろう。

　さらに，本書は，IAS/IFRSへの対応に関する研究に比して，わが国ではほとんど取り上げられてこなかったEU固有の会計問題，すなわち欧州裁判所の先決的判決問題を分析したところに特徴がある。その場合，EU域内の国際的規範（会計指令）を受け入れたことに起因して，欧州裁判所とドイツの裁判所

間の権限配置問題が現実化している側面を描き出すことに力点を置いている。つまり，ここでの研究目的は，国際的な会計規範・基準の導入が，法規制システムとの関連において，一国の会計制度に深刻な問題をもたらすことを明らかにすることである。

本書の要点

以上の研究目的にたって，本書は，
(1) 1990年代後半以降に成立したドイツの4つの会計関連立法に関して，その内容を立法資料に依拠して分析した部分（第2章〜第7章），
(2) ドイツ会計規準の欧州的側面に起因する先決的判決問題を，3つの判例に依拠して分析した部分（第8章〜第12章）

の2つから構成される。また，その前後に，本書の導入部分である「第1章」と，ドイツとの対比において，わが国の会計制度の現況を考察した「補章」（ドイツ語版）とが配置される。

まず，(1)の部分では，資本調達容易化法（KapAEG），企業領域統制・透明化法（KonTraG），資本会社 & Co. 指令法（KapCoRiLiG），透明化・開示法（TransPuG）という4つの会計関連立法をつぶさに分析している。そのことにより，ドイツが，「国際的に認められた会計原則」（IAS/US-GAAP）準拠の連結決算書の免責条項（商法典第292a条），および民間の基準設定主体の設置条項（商法典第342条）を起点に，どのように会計の国際化対応を図ったのかが明らかになる。すなわち，4つの法律により施された制度的仕掛けは，国際化対応の場面を連結決算書レベルに限定し，個別決算書レベルは従来の枠組みを保持する二元的戦略にもとづくものであった。しかも，連結決算書（情報提供面）と個別決算書（利益決定面）の線引きと同時に，免責条項（第292a条）をめぐって，その適用対象企業に対する会計規制の差別化戦略（たとえば，「資本市場指向的企業」と「その他の企業」の線引き）が遂行されたことが解明される。

次に，(2)の部分では，EUの枠組みのなかで生じるドイツの新たな会計国際化問題に焦点を当てている。すなわち，Tomberger判決を筆頭に，DE＋ES

判決，そしてBIAO判決へと連なる欧州裁判所の先決的判決問題に関する分析である。EUの会計指令を商法典に転換したことにより，ドイツの会計規準は欧州的な側面を有することになった。しかし，この欧州的側面に起因して，先決的判決問題が連結決算書の次元を超えて，いま，個別決算書領域（利益決定面）を巻き込みながら進行している。本書では，こうした会計国際化のシビアな側面が描き出される。

　以上，ドイツの会計国際化対応は，多分にアングロサクソン的要素を含んだ国際的な会計規範・基準を，漸次，商法典の枠組みのなかに吸収していくところに特徴がある。しかし，それは，対照的な2つの側面を提起する要因になっている。すなわち，KapAEGを端緒とする一連の会計関連立法が，「国際的に認められた会計原則」に向けた二元的戦略を遂行する法基盤になったのに対して，同時に，ドイツ会計規準の欧州的側面が，EUの枠組みを再認識させる先決的判決問題を呼び起こしているということである。したがって，1990年代後半以降のドイツ会計制度をめぐる状況は，一方では，連結決算書レベルに収れんさせた国際化戦略の遂行と，他方では，個別決算書レベルに波及する先決的判決問題の拡大とが相俟った，きわめて複雑な様相をみせてきたといえる。

　　謝　　辞
　本書は，著者がここ10年の間に公表してきた研究（「引用・参考文献一覧」に掲載）を大幅に加筆修正のうえ，取りまとめたものである。拙い研究であるが，曲がりなりにも研究の一里塚として本書を上梓できたのは，これまでに著者が出会ったさまざまな方々からのご指導およびご支援の賜物である。ここに，心より感謝の言葉を申し添えたい。
　大学院のドクター・ファーター（指導教官）であり，最大の恩師である阪本欣三郎先生（立命館大学名誉教授）から賜った学恩の数々は言葉に尽くせない。阪本先生には，研究者の道を志す過程で，ドイツ会計学の手ほどきから，昼夜，盆暮れを問わず，公私にわたり親切かつ丁寧なご指導をいただいた。古希を迎えられたいまもお元気で，研究・教育活動に専心されている先生のお姿は，著

者の良き目標である。本書の刊行により，先生から頂戴した学恩に少しでも報いることができれば幸いである。いつも温かい目で見守っていただいている奥様とともに，阪本先生にはこれからもご壮健にて，種々のご指導を賜りたい。

阪本先生のご紹介をつうじて，大学院時代に毎週，私的にご指導をいただいた川口八洲雄先生（大阪産業大学教授）にも感謝申し上げたい。川口先生からは，当時から今日に至るまで，公私にわたり有益なアドバイスをつねに頂戴している。その意味で，川口先生は，著者にとっての第2のドクター・ファーター（指導教官）である。これからもご教示を賜りたい。

また，学部ゼミナールの恩師である故河合信雄先生（立命館大学名誉教授）をはじめ，立命館大学経営学部の先生方には，学部・大学院の9年間，一貫して温かいご指導を賜った。京都でお世話になったすべての先生方に，この場を借りて感謝申し上げる。

京都で開催される定例の「企業会計制度研究会」の先生方にも，心からお礼申し上げたい。とくにドイツ会計研究の先学である，佐藤博明先生（静岡大学名誉教授），木下勝一先生（新潟大学教授），佐藤誠二先生（静岡大学教授）には，毎回のようにご教示をいただいている。ドイツ会計に造詣が深く，しかも人間的魅力に富んだこれら第一級の先生方との出会いは，著者にとって幸運以外の何ものでもない。先生方との定例の共同研究は，ドイツの制度研究を進めるうえでの文字どおりの羅針盤である。本書における成果の大部分は，佐藤博明先生を編者とする共同研究『ドイツ会計の新展開』，『ドイツ連結会計論』（ともに森山書店）の過程での，いわば副産物といってよい。加えて，加藤盛弘先生（同志社大学教授）をはじめ，アメリカ会計がご専門の先生方からは，制度比較の観点から，毎回大いなる知的刺激を得ることができる。

2002年，2003年度の日本会計研究学会・特別委員会「国際会計基準の導入に関する総合的研究」（委員長：平松一夫関西学院大学教授）においては，その会合のたびに，委員の先生方の優れたご研究から，幅広い視野と貴重な知見を得る機会に恵まれた。委員のすべての先生方に感謝の意を表したい。

本書の成果の一部は，1999年から2000年にかけてのドイツ・ミュンスター

大学経済学部の会計監査講座（IRW）における在外研究にもとづくものである。その際，ヨルク・ベェトゲ先生（Prof. Dr. Dr. h. c. Jörg Baetge）からご指導をいただく機会に恵まれたことは，著者にとって最大の幸運であった。ドイツの学界をリードされているベェトゲ先生のもとでの留学は，本当に刺激的であった。先生のご健康をお祈りするとともに，申し分ない研究環境を与えていただいたことに心より感謝の意を表したい。

また当時，IRWの学術助手であったヴィルフリート・ベヒテル氏（Dr. Wilfried Bechtel），ハンスユルゲン・キルシュ氏（Prof. Dr. Hans-Jürgen Kirsch：現ハノーヴァー大学教授），シュテファン・ティーレ氏（Dr. Stefan Thiele）をはじめ，20数名に及ぶ同世代のドイツのコレーゲ（研究仲間）との親交は，著者にとってかけがえのない財産である。大学の研究者として，また企業および監査法人の専門職としてドイツで活躍を始めた彼らとは，今後も公私にわたる交流を保ち続けていきたい。

西南学院大学商学部に奉職して，10年目を迎えることになった。恵まれた環境のなかで，10年という節目の機に本書を上梓できたのも，山口稲生先生（現名誉教授），土方久先生をはじめ商学部の先生方から頂戴している温かいご指導とご配慮によるところが大きい。この場を借りてお礼申し上げる。

出版事情の厳しいなか，市場性の乏しい本書の刊行に対して，快くお引き受けいただき，出版に向けてのご協力を賜った森山書店の皆様には心より感謝したい。とくに菅田直文社長には，本書をまとめるにあたって，出版に向けての構想の段階から多くのご教示とご配慮を賜った。ここに，心よりお礼申し上げる次第である。

最後に，私事で恐縮ながら，いつも温かい目で見守ってくれている兵庫の父 成一と母 節子，また妻 直子に感謝の意味をこめて本書を捧げたい。

2004年1月

稲　見　　亨

目　　次

第1章　ドイツの会計国際化の現状―予備的考察― ……………………1
　　はじめに ………………………………………………………………………1
　第1節　ドイツ会計制度改革の契機 …………………………………………1
　第2節　ドイツの4つの会計関連立法 ………………………………………2
　　　　1　KapAEGの制定 ……………………………………………………3
　　　　2　KonTraGの制定 ……………………………………………………4
　　　　3　KapCoRiLiGの制定 …………………………………………………4
　　　　4　TransPuGの制定 ……………………………………………………5
　第3節　ドイツ会計法の欧州化と欧州裁判所の3つの判例 ………………5
　　　　1　EUの会計制度改革 …………………………………………………5
　　　　2　欧州裁判所の先決的判決問題 ……………………………………6
　　おわりに ………………………………………………………………………7

第2章　資本調達容易化法の法務省案にみるドイツ会計
　　　　　国際化の論点 ……………………………………………………9
　　はじめに ………………………………………………………………………9
　第1節　KapAEG法務省案による改正提案 ………………………………10
　　　　1　法務省案の基本方針 ………………………………………………10
　　　　2　商法典の改正提案 …………………………………………………12
　　　　3　理由書にみる立法者のスタンス …………………………………15
　第2節　第264条3項に対する異議 …………………………………………16
　　　　1　オーデルハイデの見解 ……………………………………………16
　　　　2　IDWの見解 …………………………………………………………17
　　　　3　ベェトゲの見解 ……………………………………………………18
　　おわりに ……………………………………………………………………20

第3章　資本調達容易化法の成立経過における重要な修正点……25
　　はじめに…………………………………………………………25
　　第1節　KapAEGにみる国際化対応……………………………25
　　　　1　ドイツ企業の実務対応………………………………25
　　　　2　KapAEGの背景…………………………………………27
　　第2節　KapAEGの成立……………………………………………29
　　　　1　KapAEGの基本方針……………………………………29
　　　　2　KapAEG法制化の最終局面での論点…………………33
　　おわりに…………………………………………………………36

第4章　企業領域統制・透明化法によるドイツの会計
　　　　　国際化対応……………………………………………39
　　はじめに…………………………………………………………39
　　第1節　KonTraGによる商法改正の要点………………………40
　　　　1　KonTraGの概要…………………………………………40
　　　　2　会計基準設定主体の設置条項………………………41
　　第2節　ドイツ型「会計基準設定主体論」の歴史的経緯……44
　　　　1　1985年商法改正の際の論議…………………………45
　　　　2　KapAEG法制化の際の論議……………………………46
　　　　3　基準設定主体の創設をめぐる論争…………………48
　　おわりに…………………………………………………………51

第5章　会計基準設定主体の成立と国際資本市場対応……57
　　はじめに…………………………………………………………57
　　第1節　報告書「資本市場コンセプト」の概要………………58
　　　　1　報告書「資本市場コンセプト」の基本方針………58
　　　　2　国際基準へのドイツ会計の適合……………………59
　　第2節　報告書「資本市場コンセプト」に対する法務省の反応…63
　　　　1　1997年の法務省通達…………………………………63

		2	1998年の法務省通達 ·· 64
	おわりに ·· 66		

第6章　資本会社 & Co. 指令法によるドイツの会計国際化対応 … 71

はじめに ·· 71
第1節　KapCoRiLiGの概要 ·· 72
1　政府法案にみる立法目的 ·· 72
2　KapCoRiLiGの個別の論点 ·· 74
第2節　KapCoRiLiGによる商法典第292a条の拡張 ·· 78
1　商法典第292a条の拡張の経緯 ··· 78
2　新第292a条の内容とそれに連携した改正 ··· 80
おわりに ·· 83

第7章　透明化・開示法の法制化にみるドイツの会計国際化対応 ·· 89

はじめに ·· 89
第1節　コーポレート・ガバナンス政府委員会の設立経緯 ··············· 90
第2節　「報告書」にみる政府委員会の勧告 ··· 91
1　「報告書」の基本方針 ·· 91
2　国際基準に準拠した連結決算書に関する提案 ·· 92
3　現行の免責条項（商法典第292a条）に関する提案 ································· 93
4　中間報告書の導入に関する提案 ··· 94
5　セグメント報告書およびキャッシュ・フロー計算書に関する提案 … 96
6　エンフォースメントに関する提案 ··· 96
7　「報告書」に対するDRSCの見解 ·· 97
第3節　TransPuGの特徴 ·· 98
1　政府委員会の「報告書」との関連性 ·· 98
2　DRSCによる「会計の国際化に関する法律案」との関連性 ······ 99
3　TransPuGによる改正点 ·· 100

おわりに ……………………………………………………………102

第8章　ドイツの会計問題に対する欧州裁判所の決定権限 ………107
　　　はじめに ……………………………………………………………107
　　第1節　先決的判決制度とBGHの付託決定 ……………………107
　　　　1　先決的判決制度の概要 ……………………………………107
　　　　2　BGHの付託決定 ……………………………………………109
　　　　3　先決的判決を求める判断 …………………………………111
　　第2節　欧州裁判所の決定権限に対するドイツの批判的見解 …112
　　　　1　モクスターによるEC指令の位置づけ …………………112
　　　　2　モクスターの結論 …………………………………………117
　　　おわりに ……………………………………………………………117

第9章　ドイツ会計制度に対するTomberger判決の影響 …………121
　　　はじめに ……………………………………………………………121
　　第1節　欧州裁判所法務官の「最終意見書」…………………………122
　　　　1　BGHの付託決定 ……………………………………………122
　　　　2　欧州裁判所法務官の見解 …………………………………123
　　第2節　欧州裁判所の先決的判決 ………………………………124
　　　　1　1996年の判決─TombergerⅠ─ …………………………124
　　　　2　1997年の判決─TombergerⅡ─ …………………………125
　　第3節　Tomberger判決に対するドイツの議論 ………………128
　　　　1　理論的意義 …………………………………………………128
　　　　2　制度面への影響 ……………………………………………129
　　　おわりに ……………………………………………………………131

第10章　先決的判決問題の進展とドイツの引当金会計 ……………133
　　　はじめに ……………………………………………………………133
　　第1節　ケルン財政裁判所の付託決定 …………………………133

　　　　1　付託決定の内容 ··133
　　　　2　付託の理由··135
　　第2節　付託決定に対するモクスターの見解 ································137
　　　　1　個別評価原則と一括引当金 ··137
　　　　2　評価の裁量の余地と理性的な商人の判断 ·······················139
　　おわりに ···143

第11章　DE+ES判決にみる欧州裁判所の決定権限について ········145
　　はじめに ···145
　　第1節　付託決定の内容と争点 ··145
　　　　1　係争の概要 ··145
　　　　2　付託決定の内容 ··146
　　　　3　付託理由 ··147
　　第2節　一括引当金問題に対する欧州裁判所レベルの判断 ···········148
　　　　1　欧州裁判所法務官の見解 ··148
　　　　2　欧州裁判所の先決的判決 ··149
　　　　3　欧州裁判所の判断理由··149
　　おわりに ···152

第12章　BIAO判決にみるドイツ会計の国際的側面 ························155
　　はじめに ···155
　　第1節　ハンブルク財政裁判所の付託決定 ·································156
　　　　1　係争の概要 ··156
　　　　2　付　託　決　定··157
　　第2節　欧州裁判所レベルの判断 ···160
　　　　1　欧州裁判所法務官の見解 ··160
　　　　2　欧州裁判所の先決的判決 ··161
　　　　3　BIAO判決の持つ意味 ···162
　　おわりに ···162

補章　Die Weiterentwicklung des japanischen Rechnungswesens…165
終章　研究の総括と今後の展望 …………………………………………183
　　　研究の総括 ……………………………………………………………183
　　　今後の展望 ……………………………………………………………186
引用・参考文献一覧 ………………………………………………………191
索　　引 ………………………………………………………………………209

〔略　語　表〕

BFH	Bundesfinanzhof	連邦財政裁判所
BGH	Bundesgerichtshof	連邦通常裁判所
BiRiLiG	Bilanzrichtlinien-Gesetz	会計指令法
DRS	Deutscher Rechnungslegungsstandard	ドイツ会計基準
DRSC	Deutsches Rechnungslegungs Standards Committee	ドイツ会計基準委員会
DSR	Deutscher Standardisierungsrat	ドイツ基準設定委員会
EC	European Community	欧州共同体
EU	European Union	欧州連合
EuGH	Europäischer Gerichtshof	欧州裁判所
FASB	Financial Accounting Standards Board	財務会計基準審議会
FG	Finanzgericht	財政裁判所
FRRP	Financial Reporting Review Panel	財務報告調査パネル
GoB	Grundsätze ordnungsmäßiger Buchführung	正規の簿記の諸原則
HGB	Handelsgesetzbuch	商法典
IAS	International Accounting Standards	国際会計基準
IASB	International Accounting Standards Board	国際会計基準審議会
IASC	International Accounting Standards Committee	国際会計基準委員会
IDW	Institut der Wirtschaftsprüfer in Deutschland e.V.	ドイツ経済監査士協会
IOSCO	International Organization of Securities Commissions	証券監督者国際機構
KapAEG	Kapitalaufnahmeerleichterungsgesetz	資本調達容易化法
KapCoRiLiG	Kapitalgesellschaften- und Co. Richtlinie-Gesetz	資本会社&Co.指令法
KonTraG	Gesetz zur Kontrolle und Transparenz im Unternehmensbereich	企業領域統制・透明化法
SEC	Securities and Exchange Commission	証券取引委員会
TransPuG	Transparenz- und Publizitätsgesetz	透明化・開示法
US-GAAP	Generally Accepted Accounting Principles	一般に認められた会計原則

ドイツの会計国際化関連年表

日　付	ドイツの会計関連立法	欧州裁判所先決的判決	EUの指令・命令
1978年 7月25日			第4号指令（年度決算書）
1983年 6月13日			第7号指令（連結決算書）
1984年 4月10日			第8号指令（監査人資格）
1985年12月19日	会計指令法（BiRiLiG）		
1986年12月 8日			銀行会計指令
1990年11月30日	銀行会計指令法		
1991年12月19日			保険会計指令
1994年 6月24日	保険会計指令法		
1996年 6月27日		Tomberger判決	
1998年 4月20日	資本調達容易化法（KapAEG）		
1998年 4月27日	企業領域統制・透明化法（KonTraG）		
1999年 9月14日		DE+ES判決	
2000年 2月24日	資本会社＆Co. 指令法（KapCoRiLiG）		
2001年 9月27日			公正価値指令
2002年 7月19日	透明化・開示法（TransPuG）		IAS適用命令
2003年 1月 7日		BIAO判決	
2003年 5月13日			限界値修正指令
2003年 6月18日			会計法現代化指令
2003年 9月29日			IAS承認命令
2004年12月31日	免責条項（商法典第292a条）の失効期限		
2005年 1月 1日			EUにおけるIASの導入

注）強調を施した4つの法律および3つの判例が，本書における直接の分析対象である。

第1章　ドイツの会計国際化の現状
―予備的考察―

はじめに

　本章の目的は，次章以降の分析ための予備的考察として，1990年代後半から現在までのドイツの会計国際化の現状を概観することである。

　2005年以降，欧州連合（EU）においては，域内市場に対し，国際会計基準（IAS）/国際財務報告基準（IFRS）（以下，本書ではIASのみ表記する）の導入が確定している。この直接的な根拠は，2002年7月19日付の「IAS適用命令」[1]であり，それに伴い，その数7,000社といわれる域内対象企業が一斉にIASの適用を開始する[2]。

　したがって，ドイツの場合，その深層にあるEUの枠組みを前提に，IASへの「2005年対応」が求められる。つまり，ドイツは，EUの会計規範（EC指令）とドイツ規準の整合性の問題をはじめ，IASへのドイツ規準の適合問題，さらにはIASとEC指令との調和化問題を含めた重層的な枠組みのなかで，自国の会計制度を再構築していく必要に迫られている。

第1節　ドイツ会計制度改革の契機

　ドイツ会計に「まだチャンス（noch eine Chance）はあるか？」[3]という表現に象徴されるように，とくに1990年代以降，ドイツにとって，アングロサクソン型に傾斜した「国際的に認められた会計原則」にどのように向き合うかが重要課題になった。その場合，上述したように2005年が1つの目安であった。

ドイツの場合，商法典がその第三編「商業帳簿」において連結会計の領域まで含めた詳細な会計規定を有しており[4]，ドイツ会計といえば，一般には商法会計が想起される。また，わが国の確定決算主義と比較可能な商法と税法との連携（基準性原則）が存在し，課税所得の算定を目指す税法会計も無視できない。さらに，商法上の会計規制が，証券取引開示規制の実質的な法基盤を形成しているという側面がある[5]。このような制度的構造のもとで，ドイツの会計は，とくに配当可能利益と課税所得の算定を両立させる利益決定機能を優先させるものである[6]。したがって，ドイツ会計の伝統的な個性は，利益決定面の基礎となる個別決算書に見出すことができよう。こうしたドイツの特徴に対し，US-GAAPならびにIASでは，むしろ資本市場向けの情報提供という側面に力点があるといわれる。この仮説を裏づけるかのように，資本市場を意識したドイツ大企業の（連結決算書レベルの）実務対応が，1990年代前半から確認できるようになった。たとえば，Daimler Benz（現Daimler Chrysler）が，1993年にUS-GAAP準拠のもとで，ドイツ企業としてはじめてニューヨーク証券取引所への上場を果たし，また1994年には，Bayer, Schering等がIASを利用し始めた。以降，いっそう顕著となるこうした実務レベルでの国際化対応は，IASもしくはUS-GAAPに代表される「国際的に認められた会計原則」の受容をめぐる議論の契機となった。

第2節　ドイツの4つの会計関連立法

ここ数年間のドイツ会計制度改革の勢いには，目を見張るものがある。とくに，1990年代後半から最近まで，次の4つの法律が相次いで制定された。
　－資本調達容易化法（KapAEG）：1998年
　－企業領域統制・透明化法（KonTraG）：1998年
　－資本会社 & Co. 指令法（KapCoRiLiG）：2000年
　－透明化・開示法（TransPuG）：2002年
　これら4つの法律は，当然，それぞれ固有の改正の意図を持っている。ただ

し，「国際的に認められた会計原則」(IAS/US-GAAP) への対応という観点からみる限り，4つの法律が相互に一体となって，ドイツ商法典のなかに必要な施策を誘導する役割を担っている。

1 KapAEGの制定

1998年4月20日付のKapAEGは，ドイツにおいて「雇用および投資のためのアクションプログラム」の一部として制定された法律である。この法律のポイントは，商法典第292a条の新設をつうじて，ドイツの取引所上場資本会社に対して，「国際的に認められた会計原則」準拠の連結決算書を商法上，免責的に認めるところにある。

KapAEGの法制化の場面では，US-GAAPもしくはIASに準拠したドイツ大企業 (Daimler Benz, Bayer, Schering, Deutsche Bank等) の先駆的な実務対応が名指しで指摘されており，それが立法の契機とされている。つまり，KapAEGの目的は，第292a条による免責措置をつうじて，資本市場におけるドイツ大企業の資金調達の容易化を図り，もってドイツ企業の国際的競争力を高めることである。

また，KapAEGは，IAS/US-GAAPへの準拠を容認するとはいえ，ドイツの慎重原則ならびに基準性原則の放棄を意図するものではない。つまり，利益決定面に重要な個別決算書の枠組みは，従来どおり保持される。上述のドイツ企業の実務対応は，資本市場を意識した連結決算書レベルの変化であり，この限り，KapAEGによる制度改革では，個別決算書の任務（利益決定機能）と連結決算書の任務（情報提供機能）が明確に区分されているところに特徴がある。

加えて，KapAEGの法制化の最終局面において，商法典第292a条が2004年末までの時限立法であると位置づけられた。さらに，この第292a条による免責措置は，ドイツ国内の新興市場である1997年開設のノイア・マルクト (Neuer Markt) においても適用される。ノイア・マルクトでは，上場要件として，IASないしUS-GAAPの採用が直接的に基準化されることになった[7]。

2 KonTraGの制定

1998年4月27日付のKonTraGでは，まず，ドイツの取引所上場企業に対しキャッシュ・フロー計算書およびセグメント報告書が新た導入された。これにより，連結附属説明書の内容が拡充された（商法典第297条1項2文）。

さらに，KonTraGにもとづき，会計基準の設定主体に関する法律上の枠組み（設置条項）が，商法典に設けられた。これに関して，2つの規定が選択的に用意された。まず，商法典「第342条　私的会計委員会」は，民間主導による会計委員会の設置を要求し，それに続く「第342a条　会計審議会」は，法務省管轄の審議会の設立を定めている。この場合，第342条が優先案として位置づけられ，第342a条はあくまで二次的な代替案とみなされる。この設置条項の創設を背景に，ドイツにおいては，第342条の意味での民間機関として，ドイツ会計基準委員会（DRSC）が1998年に創設された。

第342条によれば，法務省との協定にもとづき，DRSCにはドイツ代表として，国際会計基準審議会（IASB）に関与する任務が与えられる。また，DRSCが開発する会計基準（DRS）は法律とは明確に区別され，連結会計レベルに限定される。なお，DRSには，法務省による官報公表をもってはじめて推定的効力が付与される。

3 KapCoRiLiG の制定

2000年2月24日付の KapCoRiLiGをつうじて，KapAEGによる免責条項（商法典第292a条）に修正が施され，免責措置を利用可能な企業の範囲が，従来の取引所上場資本会社という枠を超えて拡張された。これにより，「資本市場指向」の一定の非資本会社にまで免責措置の適用範囲が拡大された。ただし，商法典第292a条が2004年末で失効する点について変化はない。したがって，KapCoRiLiGは，商法典第292a条を拡張する側面を有している。

ただし，その一方で，KapCoRiLiGには，先行のKapAEGおよびKonTraGにはみられない立法動機が存在している。すなわち，ドイツのEU法違反を連続して確認した欧州裁判所判決への速やかな対応である。これにもとづき，従来，

決算書の公示義務の免除もしくは簡便化の恩恵を受けていた，一定のドイツ中小企業に対して，開示面での規制の強化が図られることになった。

4　TransPuGの制定

2002年7月19日付のTransPuGは，ドイツのコーポレート・ガバナンス（企業統治）改革に必要な，会計関連法規の改正を盛り込んだ法律である。その場合，TransPuGは，コーポレート・ガバナンス政府委員会の勧告，さらにDRSCが作成した「会計の国際化に関する法律案」を下敷きに，ドイツの連結会計法制の整備を一部実行するものであった。とくに，TransPuGでは，法務省とDRSCとの共同作業のもと，即座に改正が可能な，商法典の連結会計規定そのものの修正が行われた点が重要である。これは，先行の3つの法律にはみられない側面である。もっとも，個別決算書レベルの改革は，TransPuGにおいても意識的に回避されている。

第3節　ドイツ会計法の欧州化と欧州裁判所の3つの判例

1　EUの会計制度改革

さらに，見逃してはならないもう1つの側面は，ドイツ会計法の欧州化の進展である。とくにEU委員会による会計改革案や，欧州裁判所の判例は，ドイツに制度改革を迫る重要な要因である。

まず，EUの会計制度改革の動きが注目される。これに関して，2000年6月13日付でEU委員会が発表した公的文書「EUの会計戦略：将来計画」[8]が起点になった。そこでは，EU域内の資本市場の一体感を高めるため，統一的基準としてIASを2005年から導入すること，そしてIASとの潜在的なコンフリクトの解消を目的に，既存のEC指令の「現代化」を図ることが提案された。つまり，「EUの会計戦略：将来計画」は，IASに急接近するEUのスタンスを明確にするものであった。これを受けて，EUでは2002年7月19日付の「IAS適用命令」と，2003年6月18日付の「会計法現代化指令」[9]の2つの立法が実現し

た。

　前者の「IAS適用命令」は，域内の資本市場指向的企業の連結決算書に対して，2005年からのIAS適用を義務づけるものである。また同時に，個別決算書，ならびに非資本市場指向的企業の連結決算書に対してIASの適用を可能にする選択肢を加盟国に認めている[10]。後者の「会計法現代化指令」は，第4号指令，第7号指令をはじめ，既存のEUの会計関連指令を，IASとの調整を目指して修正することを目的とするものである。したがって，この2つのEU立法をめぐって，今後，ドイツは必要な対応を迫られる[11]。

　ところで，US-GAAPはアメリカ一国の基準であり，ドイツが介入する余地はない。しかし，「IAS適用命令」により，これまでUS-GAAPに準拠してきたEU企業は漸次，IAS適用への移行が求められる。したがって，IASの採用に急傾斜するEUの枠組みのなかで，その加盟国たるドイツが存在感を発揮する可能性は十分に残されている。IASへの働きかけのための道筋が確保できれば，EUの枠組みとの相克は，ドイツにとって重みのある課題であると同時に，チャンスともいえる。

2　欧州裁判所の先決的判決問題

　こうしたIASの対応問題が華やかさを増す一方で，それに並行する形で，着実な広がりをみせているもう1つの対EU問題がある。すなわち，係争の場面でドイツ会計規準の欧州的側面に光が当たり，その解釈の権限を欧州裁判所が獲得する，いわゆる先決的判決問題である。これは，1980年代の加盟国会社法の調和化過程で，3つのEUの会計関連指令（第4号，第7号，第8号）をドイツ商法典に転換したことに起因する問題である[12]。

　とくに，現時点までに次の3つの判例が確認できる。
－Tomberger判決（1996年）
－DE＋ES判決（1999年）
－BIAO判決（2003年）

この一連の判例において，会計問題に対する欧州裁判所の決定権限が確認さ

第1章　ドイツの会計国際化の現状―予備的考察―　7

れ，その影響は，連結決算書のレベルを超えて，個別決算書の領域に及ぶものとなっている。つまり，EC指令という国際的な規範を商法典に受け入れたことに起因して，先決的判決問題が利益決定面に作用しながら進行している状況がある。

お わ り に

以上，概観したように，これまでのおよそ10年間のドイツの会計国際化は，全体として，EUの枠組みと向き合いながら，2005年を1つの目安に進んできたといえる。

KapAEG, KonTraG, KapCoRiLiGそしてTransPuGというドイツの4つの会計関連立法は，「国際的に認められた会計原則」（IAS/US-GAAP）への対応場面を連結決算書レベルに局限し，個別決算書レベルについては従来の枠組みを保持する，二元的戦略を遂行したところに特徴がある。その場合，連結決算書の免責条項（商法典第292a条）と，民間の基準設定主体の設置条項（同第342条）が，ドイツの会計国際化対応の起点になった。しかも，第292a条の適用範囲をめぐって，「資本市場指向的企業」をメルクマールにした，会計規制の差別化が行われた点は重要である。このことは，「プライム・スタンダード市場」（IAS/US-GAAP準拠の企業群）と「ゼネラル・スタンダード市場」（商法典準拠の企業群）とに市場セグメントを二分化する，最近のドイツ資本市場改革のスタンスに相通じるものがある[13]。

ただし，その一方で，欧州裁判所の先決的判決問題のインパクトは無視できない。Tomberger判決，DE＋ES判決，そしてBIAO判決という3つの判例は，ドイツの個別決算書（利益決定面）を巻き込む形で，ドイツ会計規準の欧州的側面をクローズアップさせてきている。EUの枠組みに由来するこの先決的判決問題は，ドイツ会計制度の将来を大きく左右する可能性を秘めている。

【注】
1) Europäische Union［2002］, S. 1-4.
2) Hulle, K. V.［2002］, S. 178. EUにおけるIAS準拠企業は，2002年時点で約350社といわれていた。
3) Baetge, J.［1993］, S. 109.
4) 商法典の連結会計規定の構造については，佐藤博明［2002］を参照。
5) ドイツの証券取引開示規制の特徴については，佐藤誠二［2001］が詳しい。
6) この点については，川口八洲雄［2000］を参照。もちろん，個別決算書にも相応の情報機能は認められる（Ernst, C.［2003］, S. 1489.)。
7) Neuer Markt［1999］, S. 16-17. このノイア・マルクトに加えて，1999年開設の小型株のセグメントSMAXもまた，2002年以降，IAS/US-GAAPが基準化されていた。
8) Kommission der EG［2000］. この文書は，1999年5月11日付の「金融サービス：金融市場の枠組みの転換：アクションプラン」（Kommission der EG［1999］.）にもとづくものである。また，その前年のEU委員会の文書「金融サービス：行動枠組みの構築」（Kommission der EG［1998］）もまた重要である。なお，近年のEUにおける一連の会計改革に関しては，佐藤誠二［2003］, 87-102頁，および弥永真生［2003］, 53-76頁が詳しい。
9) Europäische Union［2003b］, S. 16-22.
10) 「IAS適用命令」では，US-GAAP準拠の企業，ならびに債務証券のみ規制市場で取引認可されている企業に対して，2007年までIASへの移行を猶予する経過措置が定められている。
　　ところで，「IAS適用命令」の対象となるIASは，無条件にEUで承認されるものではない。つまり，EUの利害を保証するためIASの検証作業が前提になっている。具体的には，EUの「会計規制委員会（Accounting Regulatory Committee：ARC）」と，民間組織の「欧州財務報告諮問グループ（European Financial Advisory Group：EFRAG）」により実施される（弥永真生［2003］, 61頁および73頁参照）。このエンドースメント（承認）手続きにより，2003年9月29日付で「IAS承認命令」（Europäische Union［2003c］, S. 1-420.) が公表され，既存の大部分のIASが適用可能と判断されるに至った。
11) またこれ以外にも，ドイツに新たな対応を迫るものとして，一定の金融商品に対する公正価値（時価）評価の導入を求める2001年9月27日付の「公正価値指令」（Europäische Union［2001］, S. 28-32.)，さらに，EC第4号指令における企業規模の区分基準（限界値）の修正に関する，2003年5月13日付の「限界値修正指令」（Europäische Union［2003a］, S. 22-23.) が存在する。
12) その後，銀行会計指令（1986年12月8日付）および保険会計指令（1991年12月19日付）もまたドイツ法に転換された。
13) Deutsche Börse［2003］. なお，最近のドイツの資本市場改革に言及したものとして，倉田幸路［2003］, 90-99頁がある。

第2章　資本調達容易化法の法務省案にみる
　　　　ドイツ会計国際化の論点

は　じ　め　に

　1998年の4月に施行された「資本市場におけるドイツコンツェルンの競争能力の改善および社員消費貸借の受容の容易化に関する法律：資本調達容易化法（KapAEG)」は，「国際的に認められた会計原則」とみなされるIASもしくはUS-GAAPに向けた，ドイツ会計制度改革の第1のアクションであった。この法律のポイントは，ドイツ親企業がIAS/US-GAAPに準拠した連結決算書を作成する場合，ドイツ商法典にもとづく連結決算書の作成義務を免除する点にある。

　ところで，このKapAEGの法制化の過程でとくに注目されるのは，1996年6月7日付の法務省の担当官草案（以下，法務省案と表記する）である。同年7月15日の公聴会において，この法務省案は，厳しい批判を受けることになった[1]。とくに問題となったのは，法務省案が，個別決算書に対して国際的な会計基準の適用を認める規定（商法典第264条3項）を含んでいた点である。なぜなら，それは，個別決算書の枠組みにかかわる修正であり，連結決算書の局面で国際化対応を図るという，KapAEGの基本方針に矛盾する側面を有していたからである。

　法務省案による新規定は，商法典第264条3項として，次のような内容で提起された。

　「（3）明文規定がない場合には，本編の法律上の諸規定を含めて**正規の簿**

記の諸原則と一致し,かつそれと同程度,もしくはより以上に適切に資本会社の財産状態,財務状態および収益状態の**実質的諸関係に合致する写像**を伝達する場合,**諸外国で定められ**,あるいは会計原則として一般的または**資本市場の利用目的のために承認されているか**,もしくは**資本市場で認められた基準設定委員会により勧告された貸借対照表計上方法および評価方法**を年度決算書に用いることが認められる。」[2]

このように,商法典第264条に追加される新3項は,その文言上,「正規の簿記の諸原則(GoB)」,true and fair viewの相当表現である「実質的諸関係に合致する写像」に加えて,外国もしくは国際基準の利用を意図する表現が同時に盛り込まれている。第264条は,その1項において,貸借対照表,損益計算書そして附属説明書が一体となって資本会社の年度決算書を構成すること,そして2項において「正規の簿記の諸原則(GoB)を遵守したうえで…実質的諸関係に合致する写像を伝達しなければならない」と定めるなど,資本会社の年度決算書(個別決算書)に関する諸規定の根幹をなすものである。

したがって,本章では,法務省案に焦点づけた考察を行いたい。それにより,KapAEG法制化の当初の局面において,ドイツの会計国際化対応のスタンスに"揺らぎ"が生じていた点を明らかにする。

第1節　KapAEG法務省案による改正提案

1　法務省案の基本方針

1996年6月7日付で法務省が呈示したKapAEG案は,条項法の形式をとっている。内容的にみれば,改正の重点は「第1条　商法典の修正」と「第2条　連結決算書免責命令の修正」にある。

KapAEGの立法の趣旨は,法務省案の理由書によれば,商法典第292条と連結決算書免責命令[3]の修正により,外国の資本市場を利用するドイツ親企業に対して,一定の条件のもとで[4],IAS,US-GAAPもしくはそれ以外の外国の諸

規定にもとづき作成された免責連結決算書を容認することである。この対応策は，他のEU加盟国において，すでに実践されているものであった。

つまり，他のEU加盟国にならい，ドイツ企業がIAS等に準拠した連結決算書を作成する場合，商法典による連結決算書の作成を特例的に免除する点が改正の柱になっている。この場合，法務省案では，とくに商法典第292条に新5項を創設し，当該ドイツ企業を，連結決算書免責命令の適用範囲に含める形で提案された。

この方策により，外国の資本市場を利用するドイツ企業に対して，次の3つの選択肢が与えられる。

（1）当該企業は，US-GAAPもしくはIASにもとづく連結決算書を，EC指令を遵守したうえで作成し，かつそれを免責効果でもってドイツ国内で用いることができる。つまり，ドイツ法にもとづく決算書を作成する必要はない。

（2）当該企業は，従来どおり，ドイツ法にもとづく連結決算書を作成し，その決算書を必要な限り，US-GAAPとの調整計算表，およびその他の追加的記載で補足することができる。同様に，IASの部分適用も可能である。

（3）当該企業は，ドイツ法にもとづく連結決算書だけを作成する。この場合，特定の外国の資本市場を利用できないか，その利用についての制限を受ける[5]。

KapAEG法務省案の名称「国際資本市場におけるドイツコンツェルンの競争能力の改善…に関する法律」に表れているとおり，今回の改正は，とくに国際的な資本市場の利用に際して，競争不利の回避のため等の理由から，IAS等にもとづく連結決算書がドイツ企業に不可欠である[6]という認識にもとづいている。したがって，改正の範囲は「まずもって連結決算書に限定される」[7]と理由書にも明記されている。しかもこの場合，特定のケースにおいてドイツ法上の諸規定を免除する措置であるため，国内で受け入れられる（IAS等に準拠した）免責連結決算書は，ドイツの連結決算書とはみなされない[8]。

よって，こうした方針を貫徹する限り，改正の直接的な影響がドイツ会計法の体系そのもの，とくに個別決算書の枠組みに波及することにはならない。し

かしながら，当初の法務省案に関していえば，資本会社の個別決算書に関する基本原則についても（それに連携して連結決算書に関する基本原則にも）修正の提案が行われていた。

2　商法典の改正提案
（1）個別決算書にかかわる改正

上述したとおり，資本会社の個別決算書にかかわる部分として，商法典第264条に新3項が設けられる。繰り返しになるが，もう一度示せば，それは次のような内容である。

「（3）明文規定がない場合には，本編の法律上の諸規定を含めて正規の簿記の諸原則と一致し，かつそれと同程度，もしくはより以上に適切に資本会社の財産状態，財務状態および収益状態の実質的諸関係に合致する写像を伝達する場合，諸外国で定められ，あるいは会計原則として一般的または資本市場の利用目的のために承認されているか，もしくは資本市場で認められた基準設定委員会により勧告された貸借対照表計上方法および評価方法を年度決算書に用いることが認められる。」[9]

このように3項は，法律に定めのない場合，外国の会計方法を年度決算書（個別決算書）において許容するものである。とくに，この規定の後段にみる「資本市場で認められた基準設定委員会により勧告された…方法」とは，IASを想定した表現である。理由書によれば，国際的に認められた会計方法を利用すれば，調和化が促進されると同時に会計の質も改善されるという[10]。

ただし，その一方，外国の会計方法の利用を限定する旨の記述が理由書にある点も注目される。すなわち，外国の会計方法の利用は「ドイツのGoBもしくは法規定が存在しているか，あるいは外国もしくは国際的な規定がドイツ法と調和しない場合には認められない」[11]という記述である。なお，この詳細については次節で検討する。

第2章 資本調達容易化法の法務省案にみるドイツ会計国際化の論点

また、この3項に連動して、附属説明書にかかわって、第284条2項1号が拡大される。新たに挿入される部分は強調を施した部分である。

「(2) 附属説明書には、
　1．貸借対照表および損益計算書の個別項目に対して用いられた貸借対照表計上方法および評価方法が記載されなければならない。**第264条3項により用いられた貸借対照表計上方法および評価方法は、一般に入手可能な公表物で想定できない限り、ドイツの会計方法に馴染んだ読者に理解できるよう説明されなければならない。さらに、用いられた方法の該当箇所とそのドイツ語訳が記載されなければならない。ドイツ語訳がない場合、企業は利害関係者の求めに応じて、少なくとも用いられた方法に関して、一般にわかりやすいドイツ語による記述文書を送付しなければならない。**」[12]

この条文の追加は、外国規定の利用を認める第264条3項の導入に対応したものである。理由書によると、附属説明書において「ドイツの貸借対照表利用者に、外国の方法を適切に説明する」[13]ための修正である。

(2) 連結決算書にかかわる改正

個別決算書に対する第264条3項の創設を受けて、連結決算書の内容を定める第297条についても、新たに4項が追加される。それは次の内容である。

「(4) 連結方法にも適用されることを条件に、連結決算書に対して第264条3項が用いられなければならない。」[14]

この第297条4項の創設により、貸借対照表計上方法および評価方法、それに連結方法にまで、個別決算書についての第264条3項が連結決算書にも準用されることになる。

さらに、連結附属説明書に関して、第313条1項1号に強調を施した部分が

挿入される。これは，前述の第284条の修正を援用したものである。

「(1) 連結附属説明書には，連結貸借対照表もしくは連結損益計算書の個別の項目に関して定められている事項，または選択権の行使により連結貸借対照表もしくは連結損益計算書に収容されなかったという理由から，連結附属説明書に記載しなければならない事項を収容しなければならない。連結附属説明書には，

 1．連結貸借対照表および連結損益計算書の項目に適用した貸借対照表計上方法および評価方法が記載されなければならない。第297条4項と関連して**第264条3項**により用いられた貸借対照表計上方法および評価方法は，一般に入手可能な公表物で想定できない限り，ドイツの会計方法に馴染んだ読者に理解できるよう説明されなければならない。さらに，用いられた方法の該当箇所とそのドイツ語訳が記載されなければならない。ドイツ語訳がない場合，企業は利害関係者の求めに応じて，少なくとも用いられた方法に関して，一般にわかりやすいドイツ語による記述文書を送付しなければならない。」[15]

図表2-1　第264条3項に連携した規定の改正案

	個別決算書	連結決算書
作成原則	第264条3項 （新設）	第297条4項 （新設）
附属説明書	第284条2項1号 （追加修正）	第313条1項1号 （追加修正）

以上，個別決算書および連結決算書の基本原則と，附属説明書に関する規定の連携を示せば**図表2-1**のとおりである。

このように，法務省案においては，外国もしくは国際基準の適用をめぐって，個別決算書の枠組みにかかわる部分にも修正の範囲が及んでいる。しかもその焦点は，資本会社の基本原則たる第264条である。

以下，この第264条への導入が提案された新3項に対象を絞って考察したい。

3　理由書にみる立法者のスタンス

まず確認すべき点は，新たに3項を導入する意図である。これは法務省案の理由書から明らかになる。

理由書によれば，ドイツの法規定が不備なものとして，外貨換算，リース，セグメント報告書，キャッシュ・フロー計算書，金融派生商品がある[16]。これらに対して企業がIASもしくはUS-GAAPの利用に傾くことは，「ドイツ法上，規定が欠如しているか，選択権が存在するか，または規定に矛盾しない限り何ら問題はない」[17]という。よって，3項の導入の意図は，個別決算書および連結決算書に対して，外国規定の許容範囲を明確にする点にある[18]。したがって，外国規定の利用可能性を法の文言上確認するという意味で，新3項は「たんに宣言的意義（deklaratorische Bedeutung）を有するにすぎない」[19]と明言されている。

ただし，理由書によると，3項にはさらなる意義が付与されている。すなわち，この規定は「外国法の適用を限定する指標」[20]になると同時に，他方で，附属説明書における外国の会計方法の説明義務（新第284条2項1号）の根拠規定になる[21]。つまり，3項の導入により，外国の会計方法はドイツのGoBもしくは法規定と調和しない場合には認められない[22]ことを明確にし，もし調和する範囲で外国規定に準拠する場合には，その旨，附属説明書での説明を義務づけることが意図されている。

しかも「外国の会計原則を許容するとはいえ，ドイツの立法権限を制限，あるいはそれを外国の機関へ譲渡するものではない」[23]し，またドイツの慎重原

則および基準性原則は侵害されず,「利益配当および課税にとって重要な個別決算書には影響が及ばない」[24]と理由書のなかで明言されている。

このように,理由書からは,ドイツの伝統的な枠組みを崩さないという基本姿勢が明確に読み取れる。しかし,それでもやはり,第264条3項の内容それ自体は非常に微妙である。このことをより正確に判断するための糸口は,3項に対する各方面からの「意見表明」のなかに見出すことができる。

第2節　第264条3項に対する異議

1　オーデルハイデの見解

フランクフルト大学教授オーデルハイデ（Ordelheide, D.）の「意見表明」の骨子は,次のようである。「個別決算書にかかわる商法規定に関しても,GoBの枠内でIASもしくは外国の会計規定に門戸を開放する案には反対である。なぜなら,それは,慎重原則を維持しかつ基準性原則を損なわないという,理由書に示された目標に反するからである。」[25]

オーデルハイデによれば,「GoBは解釈を必要とする。法律上明確な定めのない多くの会計問題について,何十年にもわたり,それに対する解釈が開発されてきた。その解釈は,一部は最高裁判所により確認されている。こうした解釈とは相容れない国際基準が存在する場合,ドイツの多くの慣行が脅かされるおそれがある。ドイツの慣行は法的安定性をもたらすが,第264条3項は,この慣行の排除を意図するものであり,これにより法的不安定性が生じるかもしれない。」[26]たとえば,長期請負工事契約の際の部分利益実現（工事進行基準）がドイツで抑制されるのは,商法規定の解釈による慣行にもとづくからである。しかしながら,3項は,会計担当者や出資者,それに国庫に都合が良ければ,工事進行基準も同様に法律に合致するとの解釈を促す[27]。

したがって,オーデルハイデによれば,「国際基準と異なり,かつ最高裁判所でいまなお強制的なものとして確認されていない,ドイツのあらゆる慣行が問題視され」[28],それにより,個別決算書における慎重原則の維持が困難にな

第2章　資本調達容易化法の法務省案にみるドイツ会計国際化の論点　*17*

ると同時に，企業の税負担の増大を招くおそれがある[29]。よって，オーデルハイデの提案は，「免責連結決算書に国際基準を用いる実務が普及しないうちは，3項は採用されるべきではない」[30]として，3項の削除を求めるものである。

2　IDWの見解

ドイツ経済監査士協会（IDW）は，法務省案に対して，1996年7月11日および25日付の2つの書簡でもって意見を述べている。とくに第264条3項に対する「意見表明」は，7月11日付のものに含まれている。

新3項に対するIDWの基本的見解は，次のようである。この規定は無駄であり，ドイツの法解釈原理およびGoBの形成に関して混乱をもたらしかねない。しかも，これにより，3項をめぐる監査の際に困難な問題が生じる[31]。

そして具体的には，「新3項の放棄がどうしても必要である」[32]とIDWは主張する。その理由として，新3項には次の4つの問題があるという。

第1に，3項それ自身に矛盾がある。もし，外国の会計原則がGoBおよびドイツ法に一致するのであれば，ドイツ法と「同程度もしくはより以上に」外国の会計原則が，財産状態，財務状態そして収益状態に関する写像を伝達するとは考えられない。したがって，立法者の判断は理解できない。

第2に，3項にはその必要性が認められない。問題が生じるのは，外国の会計原則とドイツの規定が一致する場合ではなくて，むしろ両者が矛盾する場合だからである。この点に関して，新規定には補足がない。

第3に，3項は法体系的にみて馴染まない。支配的な見解でカバーできない考え方が，法解釈およびGoB導出の基礎になるからである。

第4に，3項は現行の企業実践と相容れるものではない[33]。

以上からわかるとおり，IDWの立場は，監査を担う会計職業団体の立場から新3項を批判し，オーデルハイデと同様，3項導入の見送りを求めるものである。

3 ベェトゲの見解

ミュンスター大学教授のベェトゲ（Baetge, J.）もまた，法務省担当官宛の書簡（1996年7月2日付）のなかで自らの「意見表明」を行っている。ベェトゲの見解で特徴的な点は，新3項の削除を要求したオーデルハイデやIDWと異なり，3項の条文に対してさらなる「補足」を求めている点である。それは，次のような提案である（「補足」の箇所は下線部）。

「（3）明文規定がない場合には，本編の法律上の規定を含めて正規の簿記の諸原則と一致し，かつそれと同程度もしくは<u>より以上に</u>(a)適切に，<u>2項1文の意味での</u>(b)資本会社の財産状態，財務状態および収益状態の実質的諸関係に合致する写像を伝達<u>する場合に限り</u>(c)，諸外国で定められ，あるいは会計原則として一般的または資本市場の利用目的のために承認されているか，もしくは資本市場で認められた基準設定委員会により勧告された貸借対照表計上方法および評価方法を年度決算書に用いることが認められる。」[34]

このように，ベェトゲの提案は，形式面では，法務省案に若干の「補足」を施したものにすぎない。ただし，下線部（a），（b），（c）のそれぞれについて，以下のような詳細なコメントが付されており，そこから，第264条3項の問題の所在と，それに対するベェトゲのスタンスが明らかになる。

（1）補足（a）について

「より以上に適切に」という比較級での表現は，その比較対象が問題である。3項の文言によれば，GoBの単独適用の場合よりも，年度決算書における財産状態，財務状態，収益状態がより良く表示されるのであれば，外国規定ないし国際勧告を適用しなければならない。この解釈はかえって3項の目的と矛盾するであろう。というのは，この表現により，商法上のGoBへの準拠を回避できるからである。したがって，この法規定の文言上，「より以上に適切に」の比較対象がどれであるのか，さらに明確にされるべきである[35]。

（2）補足（b）について

　法案によると，外国規定ないし国際基準の適用は，年度決算書における財産状態，財務状態，収益状態の表示に有益である。外国規定もしくは国際基準を用いるための判断の指標としての経済状況の表示が，最優先原則（overriding principle）となるおそれがある。3項の表現によれば，まずもって，外国規定もしくは国際基準が用いられることになるであろう。なぜなら，それにより，財産状態，財務状態，収益状態の表示が，GoBを遵守したときと比べて改善されるからである。財産状態，財務状態そして収益状態の表示は，商法上の年度決算書では，GoBの強制的な遵守をつうじて制限される。たとえば，財産状態は，取得原価主義の遵守のために，現実の状況に即した表示はなされない。経済状況の表示に対するGoBの限定効果は，第264条2項1文において規範化されており，今後も遵守されなければならない。3項が最優先原則であるという誤った解釈は，「2項1文の意味での」という文言の追加によって回避されるべきである[36]。

（3）補足（c）について

　理由書によれば，GoBへの指示は限定効果を持つ。GoBとの一致を求めることは，外国規定ないし国際基準を用いた場合でも，商法上の年度決算書が，会計報告責任および債権者保護を達成することを保証する。したがって，GoBが判断の指標となる。しかしながら，このような観点は，3項の表現から具体的に読み取ることができない。現行の文言のままでは，むしろ，商法上の年度決算書目的との一致の検証なしに外国規定が受け入れられ，それによりGoBが希釈化されるおそれがある。ドイツ資本会社の個別決算書に外国規定ないし国際基準を用いるかどうかは，絶えず年度決算書目的と同時に，商法上のGoBをつうじて判断されなければならない。したがって，「〜に限り」という文言の挿入をもって，GoBによる限定効果がより明確に強調されるべきである[37]。

　以上の「補足」部分（a），（b），（c）に付されたコメントからうかがえ

るように，ベェトゲがいっそうの強調を求めたのは，なにより「GoBによる限定効果」である。つまり，外国の会計原則はGoBに優先するものではない，という点である。これがより明確になるような「補足」でもって，GoBが希釈化ないし相対化される危険を回避することをベェトゲは主張したのである。

このように，ベェトゲの「意見表明」は，GoBの遵守を求める従来の枠組みに抵触するような国際基準の利用に対して懸念を表明する内容である。この限り，ベェトゲのスタンスは，オーデルハイデやIDWのものと実質的に異なるものではなく，また理由書で明言されたKapAEGの基本方針とも軌を一にするものといえる。

したがって，第264条3項の削除ないし追加的修正を求める各論者の「意見表明」をみる限り，3項の導入については，「外国規定の適用を限定する指標」としての本来の趣旨以上に，「GoBの相対化」という，いわば隠れたもう1つの側面が深刻に受け止められたといえよう。結果，その後の審議過程において，この第264条3項の導入案は実際に見送られることになった[38]。

おわりに

法務省案においては，ドイツ法に調和しないIASもしくはUS-GAAPの受容は論外であり，したがって利益配当および課税にとり重要な個別決算書は不変である[39]，と明言されている。これからわかるように，KapAEGの特徴は，国際化対応の場面を連結決算書レベルに限定することである。しかも，KapAEGは，商法典の連結会計規定を国際基準に向けて，全面的に改正することを意図したものではない。IAS/US-GAAPに準拠した連結決算書を，「外国の決算書」とみなして商法上，特例的に容認する措置をとったにすぎない。

また，個別決算書に対する第264条3項の導入案に関していえば，その本来の意図は，「ドイツ法に明文規定がない場合」，「GoBと一致し」等の表現でもって，ドイツ法に調和しない国際基準の適用を，法の文言上限定するところにあった。しかし，この新3項の追加は，内容的に大きな問題を含んでいた。すなわち，新3項は，国際基準の適用を限定するという本来の趣旨以上に，その

第2章 資本調達容易化法の法務省案にみるドイツ会計国際化の論点　*21*

解釈と運用をつうじて,利益決定面に重大な影響を及ぼす可能性を秘めていた。その意味で,KapAEGの法務省案は,ドイツの国際化対応のスタンスに,一部"揺らぎ"が生じていた状況を物語る素材であるといえよう。

【注】
1) Strobel, W. [1996], S. 1607.
2) KapAEG [1996a], S. 564. 強調著者。なお,法務省案では,この3項に加えて4項の新設が提案されているが,この点について,本書では立ち入らない。
3) 連結決算書免責命令とは,法務省から発布された法規命令である。
4) ここにいう一定の条件とは,第292条5項(案)によれば,①ドイツ親企業が上場の場合に限らず,外国の資本市場を利用する,②免責連結決算書がEC第7号指令との一致のもとで作成される,③免責連結決算書の表明力がドイツ法による連結決算書と等価であり,その旨,決算書監査人により証明される等の要件を満たすことである。
　この免責要件は,一部内容が修正され,KapAEGの確定版において,商法典第292a条(新設)に包摂されることになった。確認のために,法務省案で提案された第292条5項と連結決算書免責命令第3条の内容を示せば,それは次のようであった。

商法典第292条5項
「(5) 第290条により連結決算書および連結状況報告書を作成する義務を負う企業は,1項から4項の適用のもとで,法規命令によりこの作成義務の免除が認められる。ただし,それは,親企業またはその子企業により発行される株式,株式の代わりとなる債券,社債,享益証券,転換社債または株式もしくは債券と同様のその他の有価証券,さらに金融派生商品を,取引所,正規の市場または場外取引で,あるいは信用機関もしくはブローカーをつうじて売却することにより,当該企業が諸外国の資本市場を利用する場合に限られる。当該選択権の行使は,親企業が連結決算書および連結状況報告書を,EC第7号指令との一致のもとで,外国の資本市場での上場の際に定められているか,もしくは認められている会計方法により作成し,かつそれにより作成された書類の表明力が,本章の規定にもとづく連結決算書および連結状況報告書に等価であることが条件である。この等価性は,第318条により選任された決算書監査人により,第322条にもとづいて証明されなければならない。外国のあるいは国際的な会計方法が用いられる場合,2項に抵触することなく,ドイツ法から離脱した方法と一致している旨,本法律により認可または承認された決算書監査人により証明されることが命ぜられる。」

連結決算書免責命令第3条
「(1) 商法典第290条により連結決算書および連結状況報告書を作成する義務を負う親企業で,かつ親企業またはその子企業により発行される株式,株式の代わりとなる債券,社債,享益証券,転換社債または株式もしくは債券と同様のその他の有価証券,さらに金融派生商品を,取引所,正規の市場または場外取引で,あるいは信用

関もしくはブローカーをつうじて売却することにより，外国の資本市場を利用する企業は，連結決算書および連結状況報告書を，商法典第三編第2章第2節にもとづいて作成する必要はない。ただし，それは，連結決算書および連結状況報告書の作成免除規定に従い，2項の要件に合致する連結決算書および連結状況報告書，それに含まれる確認の付記もしくは拒絶の付記，ドイツ法との等価性，ならびに外国の資本市場で定められているか，もしくは認められている諸原則との一致の証明が，ドイツ語により公示されていることが条件である。

（2）連結決算書および連結状況報告書は，1項にもとづき，次の各号に該当する場合には作成を免除される。

1. 免責される連結決算書を作成する親企業およびその子企業が，商法典第295条，第296条に抵触することなく，作成を免除される連結決算書に組入れられ，
2. 1983年6月13日付のEC第7号指令，とくに修正された1990年11月8日付の指令第2条と一致し，外国の資本市場での上場の際に定められているか，もしくは認められている会計方法にもとづいて作成された連結決算書および連結状況報告書を，親企業がドイツ語により作成しているか，もしくはこれに関し信用できる翻訳を施し，
3. 2号にもとづき作成された書類の表明力が，ドイツ法にもとづく連結決算書および連結状況報告書と等価であり，かつこの等価性が，商法典第318条により選任された決算書監査人により，第322条にもとづいて証明され，
4. 外国のあるいは国際的な会計方法が用いられたことに関し，当該連結決算書が，商法典第318条により選任された決算書監査人により，また第2条1項3号の要件を満たす決算書監査人により証明され，
5. 作成を免除される書類を指示する際，ドイツ法にもとづいて作成された連結決算書および連結状況報告書には該当しないことが明確に指摘され，
6. 附属説明書または連結決算書に関する注釈に，次の記載が含まれる場合，
    a）外国の資本市場の名称，その法律が用いられたこと，およびその理由
    b）商法典第313条1項1号の適切な適用のもとで，ドイツ法から離脱して用いられた貸借対照表計上方法，評価方法，連結方法に関する解説
    c）資本市場目的のために，作成を免除される連結決算書およびその他の書類が供託された場所，ならびに外国での公表場所
    d）b）に掲げられた書類が要求されうる場所

1文は，信用機関および保険企業に対して適用される。ただし，1文のその他の要件に抵触することなく，信用機関および保険企業の当該書類は，1986年12月8日付の銀行およびその他の信用機関の年度決算書に関するEC指令，そして1991年12月9日付の保険企業の年度決算書に関するEC指令との一致のもとで作成されることが要件である。1文3号にいう等価性を達成するために，ドイツの貸借対照表計上方法，評価方法，そして連結方法の調整計算を行うことは要求されない。

（3）商法典第325条にもとづく公示には，該当する外国のあるいは国際的な会計方法との一致に関連する等価性の証明および追加的な確認の付記が含まれなければならない。

（4）商法典第291条3項は適切に用いられなければならない。」

第2章 資本調達容易化法の法務省案にみるドイツ会計国際化の論点 23

5), 6), 7), 8) KapAEG [1996a], S. 2001.
9) *Ebenda*, S. 564.
10), 11) *Ebenda*, S. 2002.
12) *Ebenda*, S. 565.
13) *Ebenda*, S. 2002.
14), 15) *Ebenda*, S. 566.
16), 17) *Ebenda*, S. 2001.
18), 19), 20), 21), 22) *Ebenda*, S. 2002.
23), 24) *Ebenda*, S. 2001.
25) Ordelheide, D. [1996], S. 552.
26) *Ebenda*, S. 550.
27) *Ebenda*, S. 550-551.
28), 29) *Ebenda*, S. 551.
30) *Ebenda*, S. 550.
31), 32), 33) IDW [1996], S. 594.
34) Baetge, J. [1996], S. 2. なお，このベェトゲの「意見表明」は非公表のものである。また，3項の翻訳の都合上，提案部分の（a），（b），（c）の表記は原文の表記と異なっている。
35) *Ebenda*, S. 3.
36) *Ebenda*, S. 3-4.
37) *Ebenda*, S. 2-3.
38) Kuhn, K. [1997], S. 313. また，その後の立法経過において，修正内容に鑑み，KapAEGの名称「国際資本市場におけるドイツコンツェルンの競争能力の改善…に関する法律」から，冒頭の「国際」という文字が取り払われた。すなわち，KapAEGの正式名称は，「資本市場におけるドイツコンツェルンの競争能力の改善…に関する法律」となった。この理由については，第3章で言及する。
39) KapAEG [1996a], S. 2001.

第3章　資本調達容易化法の成立経過における重要な修正点

は　じ　め　に

　前章では，KapAEGの法制化の初期段階で，ドイツの会計国際化対応のスタンスに錯綜した現象が生じていた事実を明らかにした。すなわち，1996年6月7日付の法務省案がみせた"揺らぎ"の原因は，「国際的に認められた会計原則」を個別決算書に適用させることにあった。

　ただし，KapAEGのその後の立法経過，とくに1996年12月20日付の政府法案 (967/96) では，争点となった第264条3項の導入案はもはや継承されていない。これをはじめ，KapAEGの法制化の過程でいくつかの重要な修正が加えられ，ドイツの国際化対応のスタンス，すなわち連結決算書レベルと個別決算書レベルの対応を峻別する二元的戦略は，いっそう鮮明化する。

　本章の目的は，立法資料に依拠しながら，KapAEGの成立に至るまでの経緯と，そこでの修正の要点を明確にすることである。

第1節　KapAEGにみる国際化対応

1　ドイツ企業の実務対応

　1998年4月20日付のKapAEGの制定[1]は，ドイツでは，「雇用および投資のためのアクションプラグラム」の一部[2]として位置づけられており，いわばドイツの社会制度全体にかかわる施策である。このKapAEGの背景には，国際資本市場での資金調達を念頭においた，一部のドイツ大企業によるIASもしく

はUS-GAAPへの準拠傾向があった。

　この先駆となったのが，1993年にニューヨーク証券取引所にドイツ企業ではじめて上場したDaimler Benzの事例である。同社は，ドイツ国内基準（商法）にもとづく連結決算書に加えて，US-GAAPによる決算数値を公表した。その場合，ドイツ商法からUS-GAAPへの調整計算表（Reconciliation）を作成する方法がとられた。それ以降，Deutsche TelekomやVEBAが後続してニューヨーク証券取引所に上場し，ドイツ商法規定およびUS-GAAPにもとづく決算数値を同時に公表する実務対応がみられた。

　また一方では，1993年にPumaがドイツ企業ではじめてIASに準拠し，これに続いて，1994年にはBayer, Schering, Heidelberger Zement, Hoechstが連結決算書に部分的にIASを適用する実務対応を行った。ここでみられたIAS対応方式は，ドイツ商法規定に準拠するだけではなく，それに矛盾しない形でIASにも合致するような1組の連結決算書を作成するものである。この方式はドイツ商法上認められる「選択権」を最大限に利用することで可能となった。このように2つの基準を併用して作成された1組の決算書は，二元的という意味において「デュアル決算書（dualer Abschluss）」とよばれる。

　さらに，1995年度のDeutsche Bankの対応は，ドイツ法にもとづく国内向けの決算書に加えて，別途IASに全面的に準拠した連結決算書を公表するというものである。この方式は，異なる基準にもとづいて並行的に2組の決算書を作成し，かつ公表するという意味で「パラレル決算書（Parallelabschluss）」とよばれる。前述の調整計算表を作成したDaimler Benzの事例は，2本立ての決算数値を公表しているという点において，「パラレル決算書」方式と同一の方向にある[3]。

　以上のように，KapAEGの契機とされる先駆的なドイツ企業の実務対応には，大きく分けて「デュアル決算書」と「パラレル決算書」という2つの方向がみられた。ただし，両者に共通しているのは，いずれも，連結決算書レベルでの対応という点である。

第3章　資本調達容易化法の成立経過における重要な修正点　*27*

2　KapAEGの背景

ところで，1996年12月のKapAEG政府法案（967/96）では，上述の数社の実務対応について，名指しで言及している部分がある。すなわち，政府法案の理由書では，アメリカでの上場目的のためにUS-GAAPに準拠したDaimler Benzの事例，ならびに連結決算書にIASを用いた数社の実務対応に関して，以下のように説明されている。

（1）アメリカでのドイツ株式の取引所認可

Daimler Benzは，1993年10月5日のニューヨーク証券取引所上場以来，SEC（アメリカの証券監督局）に，フォーム20-Fにもとづく報告書を毎年，そして誰もが閲覧可能な中間報告書を半年ごとに提出する義務を負っている。そこではとくに，上場企業に要求されるUS-GAAPに準拠した監査済連結決算書，あるいはドイツの連結決算書とUS-GAAPとの調整計算表の呈示が求められる。以来，半年ごとに公表された調整計算表は，利害関係者に対して世界規模で，アメリカ会計とドイツ会計の相違を顕著に示すことになった。Daimler Benzが，1993年度に，US-GAAPにより1,839百万（ドイツ）マルクの損失を，そしてドイツ法にもとづき615百万マルクの利益を公表したとき，世界的な批判を浴びた。ドイツ連結会計法による会計政策上の余地が広範であることが明白になったため，ドイツの連結決算書は，これまで以上に，世界規模で不信の念を抱かれることになった。ドイツに所在するその他のコンツェルンが，ニューヨーク証券取引所における取引所認可を目指している。

異なる貸借対照表計上規定および評価規定にもとづき2組の連結決算書を作成することは，当該企業には過度の負担であり，それ以上に投資家の混乱を招く。いずれにせよ，それはより望ましい情報をもたらすものではない。少なくとも10社の世界的企業が，すでに数年前からアメリカでの取引所認可を目指したが，このような理由からそれを断念した[4]。

（2）IASにもとづく連結決算書

　Bayer, Schering, Heidelberger Zementといった国際的な活動を行う一連の企業は，1994年度以降，ドイツ法と一致する限りにおいてIASを適用し，ドイツの連結決算書を作成している。決算書監査人は，連結附属説明書における補足説明を考慮したうえで，連結決算書が特定のIASにも合致していることをその都度，確認している。IASにもとづけば，これまで結果的にIASに合致するよう，ドイツ法上の選択権を行使することは可能であった。しかし，今後このことは，ますます困難になる。なぜなら，1995年1月1日以降，これまで可能であった一連の大陸ヨーロッパ的な選択権はもはや認められないし，またIOSCOにより誘発されたUS-GAAPとの調整が1998年に向けていっそう進むことにより，こうした傾向が次第に強まるからである。1995年度にDeutsche Bankは，独自の判断において，IASに無条件に合致し，そのためドイツ法から離脱した連結決算書を公表した。ドイツにおいてこうした連結決算書に免責効果が付与されない限り，Deutsche Bankは，他のドイツコンツェルンと同様，今後もドイツの連結決算書を作成し，かつ公示しなければならない。Deutsche Bankは，不要な混乱を避けるため，自身の株主の要求に沿ってそれを行っているにすぎない[5]。

　以上のように，政府法案の理由書において指摘されるのは，およそ次の問題である。第1は，ドイツ法による連結決算書の作成義務が存在する限り，ドイツコンツェルンは国際資本市場を利用するにあたり，国内向け，国外向けに2種類の連結決算書を作成しなければならず，これに起因する追加的コストが生じるという問題である。第2は，異なる2つの会計情報により投資家が混乱するという問題である。第3は，IOSCOの主導による会計基準の統合化を背景にして，連結決算書へのIASの部分適用を可能にしてきたドイツ商法上の選択権が削減傾向にあるという点である。

第2節　KapAEGの成立

1　KapAEGの基本方針

これらの問題を解決し，もってドイツコンツェルンの国際競争力を高めることを意図したKapAEGは，その主要部分において，商法典の改正を指示するものである[6]。その要点は，商法典の一部修正，とりわけ次に示す第292a条（案）を新設することにより，「外国の資本市場を利用するドイツ親企業」に対して，国際的な会計基準（たとえばUS-GAAPもしくはIAS）に準拠した連結決算書（および連結状況報告書）を，特例的にドイツ国内で容認するところにある。

政府法案（967/96）は，第292a条1項および2項を次のような内容で提案した。

「（1）2項の意味での外国の資本市場を利用する親企業は，3項の要件に合致する連結決算書および連結状況報告書を作成し，かつ4項にもとづき公示される確認の付記もしくは拒絶の付記を含む書類をドイツ語により，第325条，第328条にもとづき期限どおりに公示するときには，本節の規定にもとづく連結決算書および連結状況報告書を作成する必要はない。作成を免除される書類が公示される際，それがドイツ法にもとづき作成された連結決算書および連結状況報告書に該当しない旨，明確に指摘されなければならない。
（2）親企業が外国の資本市場を利用するとは，親企業またはその子企業により発行される株式，持分証券，株式の代わりとなる債券，社債，享益証券，転換社債または株式もしくは債券と同様のその他の有価証券，さらに金融派生商品が，外国で，公式，非公式もしくは自由市場での取引所売買目的のために認可されているか，もしくは承認され，大衆に公開され，かつ正しく機能しているそれ以外の組織化された市場に組入れられていることである。1文の適用に関しては，掲げられた事例において，取引所または組織化された

市場での取引認可が,外国の所轄部門に申請されたことで十分である。」[7]

　この第292a条（案）の創設の背景にあるのは,政府法案によると,すでにこの種の免責がドイツ以外のEU加盟国において行われていること,また,外国企業がドイツにおいて免責連結決算書を利用できるのに対して,ドイツ企業にはその選択肢がなく,自国企業のみが不利な立場に置かれているという認識である。さらに,EC指令とIASは,その内容においてそれほど矛盾しないという,EUの機関による公式見解も見逃せない。すなわち,EU委員会に設けられた連絡委員会が,EC指令とIASは2つの例外を除いて基本的に調和しうると宣言しており,これは同時にUS-GAAPとEC指令とが調和するという推論を導くからである[8]。

　このように,KapAEGは,国際資本市場に向けたドイツ大企業の先駆的な実務対応を契機として,商法典第292a条による連結決算書の免責措置という新たな選択肢を容認するものである。その限り,改正の焦点は連結決算書レベルに限定される。しかも,政府法案（967/96）では,国際基準の個別決算書への波及が懸念された商法典第264条3項の導入案は撤回されており,もはやその痕跡すら確認できない。

　したがって,KapAEGにおいては,とくに個別決算書に連携するドイツ会計制度の伝統的な枠組みは従来どおり維持されるよう配慮されている。この点に関して,理由書では,「ドイツ法に対する帰結」として次のような説明がある。

（1）慎重原則の保持

　IASの改訂の枠組みでは,ドイツの象徴たる慎重原則が将来,国際的にみて制限的に用いられることが推測される。それゆえ,ドイツ法が慎重原則に離反した原則を認めない限り,ドイツ企業は,アメリカでの完全な上場のケースにおいて,今後,少なくとも調整計算表を呈示しなければならないであろう。こうした状況は,主要な証券監督局がIASを受け入れるときにはなおさら悪くな

る。

　ドイツの慎重原則は保持される。これは，税務上の利益決定に対する商事貸借対照表の基準性にもとづくものである。慎重原則の放棄は，中規模経済が不利になるということにとどまらない。したがって，慎重原則が放棄もしくは制限されるようなことにはならない。

　IASへの国内法の適合は，部分的に要求されるとはいえ，連結会計そのものについても問題とはならない。なぜなら，税務上の利益決定に対する基準性が存在しないにもかかわらず，連結決算書を作成する親企業の多くは，連結決算書において慎重原則を放棄する用意をしていないからである。しかも，外国の資本市場を利用する少数の非常に大規模な企業が連結決算書に対して，個別決算書に対するものとは異なる会計規制を適用する義務を負う結果となる。これは追加的コストをもたらすため，それに理解を示す親企業はごくわずかであろう[9]。

（2）内国法人の差別的状況

　EUの他の加盟国に所在し，アメリカに上場している企業は，すでに国内規定の免責のもと，調整計算表なしで，US-GAAPによる連結決算書を作成している。EUの連絡委員会がEC指令とIASとの一致を確認したことにより，こうした実務はいっそう増えるであろう。US-GAAPにもとづき作成された外国企業の連結決算書は，EU法によると，上場目的についてはドイツにおいて容認される。さらに，当該決算書は，連結決算書免責命令に従い，免責決算書として利用することができる。その場合，当該決算書は，ドイツに所在する親企業がドイツ法にもとづき作成すべき部分連結決算書に代用される。しかし，こうした可能性は，これまでドイツ企業には閉ざされていた。したがって，このような観点からも，連邦政府は，内国法人だけが差別される状況は継続されるべきではないという見解である[10]。

（3）ドイツの立法権限

外国の資本市場におけるドイツコンツェルンの競争力の利害のため，外国の会計原則を許容することは，ドイツの立法権限を制限するものではなく，また立法権限を外国にゆだねるものでもない。ドイツの立法者はつねに，外国の規定を制限あるいは取消すことができる。したがって，特定の外国規定を指示する意図はないため，違憲となるような外国法への指示は存在しない。連邦政府は，外国規定の適用が，ドイツの連結会計法によるものと表明力に関し等価の決算書を導くという前提のもとで，特別の場合に，ドイツ法上の会計処理規定の免責を提案しているにすぎない。当該決算書は，ドイツの連結決算書とはみなされない。内国法人の不利益と過度な負担を回避するために，ドイツの連結決算書の作成が免除される。

外国の立法者およびそれ以外の機関が，ドイツの連結会計法に影響を及ぼすようなこと，あるいはドイツコンツェルンに対して強制規定を施すような余地はないため，外国の資本市場の利用のためにドイツコンツェルンが他の規制に服することのない限り，ドイツの立法者の権限が委譲されることはない。個別のケースにおいて，ドイツの登記裁判所および証券監督局は，免責効果の付与された連結決算書の表明力がドイツの連結決算書と等価かどうかを判断しなければならない。これまで，US-GAAPあるいはIASにもとづき作成された連結決算書とドイツの連結決算書との等価性については，連結決算書免責命令の枠内ではまったく問題とはならなかった。この判断を修正すべき理由は見当たらない[11]。

以上のように，KapAEGの制定は，ドイツ会計法の体系そのものを抜本的に変革することを意図したものではない。政府法案の理由書では，とくに2つの大前提，すなわちドイツの慎重原則および基準性原則は従来どおり保持される，そしてドイツの立法権限を外国の機関にゆだねることはない，という基本方針が表明されている。さらに，他のEU加盟国の競合企業に比して，免責連結決算書の利用の面で，ドイツ企業が不利な立場に置かれないように配慮されている。

2　KapAEG法制化の最終局面での論点

　KapAEGは，その後の立法経過において，1996年の政府法案（967/96）を大幅に修正のうえ，1998年に成立するという経緯を辿った。その過程で，免責措置（商法典第292a条）にも重要な修正が加えられた。それは次の3点に要約される。

（1）商法典第292a条の適用範囲を，外国の資本市場を利用する企業に限定するのではなく，国内の取引所に上場する企業にまで拡大したこと，

（2）（1）の適用範囲の拡大に関連して，1997年開設のノイア・マルクトに対しても，第292a条を適用可能にしたこと，

（3）第292a条を，2004年までの時限立法と明記したこと。

（1）第292a条の適用範囲の拡張

　まず，商法典第292a条の適用範囲の拡張に関連する部分である。政府法案（967/96）では，第292a条1項の文言につき，「2項の意味での外国の資本市場を利用する親企業」と表現されていた。これが新たに，「取引所上場の親企業」という表現に置き換えられ，国内，国外を問わず，ドイツのすべての上場企業が免責を利用できるところにまで拡張された。

　よって，最終的に成立したKapAEGでは，第292a条（確定版）は次のようになった。

「第292a条　作成義務の免除

（1）コンツェルンの親企業である取引所上場企業は，2項の要件に合致する連結決算書および連結状況報告書を作成し，かつそれを第325条，第328条に従いドイツ語およびマルクで公示しているときには，本節の規定にもとづく連結決算書および連結状況報告書を作成する必要はない。作成を免除される書類を公示する場合，ドイツ法にもとづき作成されていない連結決算書および連結状況報告書を対象としていることが明示的に指摘されなければならない。

（2）連結決算書および連結状況報告書は，次の各号に該当する場合には作成を免除される。
1．作成を免除される連結決算書に，親企業およびその子企業が，第295条，第296条に抵触することなく組入れられたとき，
2．連結決算書および連結状況報告書が，
  a）国際的に認められた会計原則にもとづき作成されたとき，
  b）EC第7号指令，および場合によっては信用機関および保険企業に対して第291条2項2文で掲げられた指令と一致しているとき，
3．それにより作成された書類の表明力が，本節の規定にもとづいて作成された連結決算書および連結状況報告書の表明力と等価であるとき，
4．附属説明書または連結決算書に関する説明に，次の記載が含まれる場合，
  a）用いられた会計原則の名称
  b）ドイツ法から離脱する貸借対照表計上方法，評価方法，連結方法に関する説明，および
5．作成を免除される書類が，第318条に定められた決算書監査人により監査され，かつ当該決算書監査人により，免責の要件が備わっていることが確認されたとき，
（3）連邦法務省は，2項3号にもとづき等価になるために，親企業の連結決算書および連結状況報告書がどの要件を個別に満たさなければならないのか，連邦財務省および連邦経済省との協議のうえ，法規命令により決定することができる。これは，適用すれば等価性が与えられる会計原則を指示する方法でも行うことができる。」[12]

したがって，この第292a条（確定版）は，先にみた政府法案（967/96）の条文を大きく修正したものとなっている。この修正の理由に関して，1998年2月の「連邦議会法務委員会の決議勧告および報告（13/9909）」（以下，法務委員会報告と表記する）は次のように述べている。

法務委員会は，外国の資本市場を利用する企業のためだけに，免責措置が役立てられるべきという見解ではない。外国の資本市場だけに限定するのなら，国内の資本市場だけを利用するドイツ親企業は，免責規定を利用することができない。しかし，当該企業にも，国際的に比較可能な情報への要求に応えるため，国際的に認められた会計原則に従い連結決算書を作成する必要性は存在しうる。この場合，取引所認可命令第21条以下の諸規定，とくに第22条4項にもとづいて，取引所上場にあたり国際基準による連結決算書を提出することが可能な外国企業とドイツ企業とが，国内の取引所において競合している点を考慮しなければならない。さらに，「ノイア・マルクト」で自身の株式が売買されるドイツ企業は，決算書をUS-GAAPもしくはIASを適用したうえで作成しなければならない。こうした要求を満たすため，政府法案で提案された免責規定は，もっぱら，国内の取引所に上場するすべての企業にまで広げて適用される[13]，と。

　こうして，KapAEG成立の最終段階で，「外国の資本市場の利用」という限定が緩和されることになった。これにより，国内市場への上場にとどまる企業であっても，そのニーズが存在する限り，第292a条を利用できることになった。

（2）ノイア・マルクトとの連携

　また，第292a条の適用範囲の拡張は，新興市場ノイア・マルクトの開設を考慮した側面がある。上述の法務委員会報告で言及されているように，ノイア・マルクトでは，「国際的に認められた会計原則」とみなされるIASおよびUS-GAAPが，直接的にその上場要件として基準化されたからである。したがって，ノイア・マルクト上場企業もまた，免責措置を利用できるものとされた[14]。

（3）失効期限の明記

　最後に，第292a条の失効期限が2004年末と明記された点である。すなわち，KapAEGの「第5条　施行」において次の文が挿入された。

「商法典第292a条は2004年12月31日に失効する。本規定は遅くとも2004年12月31日に終了する営業年度まで適用されなければならない。」[15]

このように第292a条を時限立法と位置づけたことに対して,法務委員会報告では次のように説明されている。
「法務委員会は,KapAEGでもって実現される,国際的に認められた会計原則準拠の連結決算書の容認は,過渡的な解決策でしかないことを強調した。将来的に,国内の連結会計規定を国際基準に適合させることは避けられない。」[16] また,「政府法案とは対照的に,法務委員会は商法典第292a条に期限が付されるべきという見解である。法務委員会はこの場合,次のことを考慮した。とくに取引所上場企業のために,国内規定を国際基準に適合させることは,そのための審査および討議に要するコストがあまりに大きいため,今回の会期中にはもはや不可能である。さらに現時点で,IASの開発はいまだ完了しておらず,こうした理由からも国内の連結会計規定の適合は,目下のところ,現実的ではないように思われる。ただし,法務委員会は,連邦政府が次の会期中に,遅くとも2004年の法律期限までに達成されるべきドイツ連結会計規定の適合案を準備することに対して,期待を表明する」[17],と。
したがって,第292a条による免責措置は,2005年以降を視野に入れた将来の抜本的なドイツ連結会計規定の改正へのつなぎとされ,当座の対応策という位置づけが明確になった。

おわりに

KapAEGによる免責条項(商法典第292a条)の創設は,当初,国際資本市場を指向するドイツ大企業の先駆的な実務対応を支援することを目的としていた。ただし,この第292a条に関して,立法の最終局面において,当初の「外国の資本市場」という限定が外された点は重要である。これにより,ドイツ国内市場のみを指向するドイツ企業にも,最大限の弾力性という意味での免責可能性(選択権)が保証されることになった。これは同時に,1997年開設の国内

市場セグメント,すなわちノイア・マルクトへの上場企業にも配慮するものであった。さらに,第292a条に関し,2004年末という失効期限が明記され,免責措置は暫定的な解決策であることが明確にされた。

また,当初の法務省案では,個別決算書に対してもIAS/US-GAAP等の適用を意識した規定(商法典第264条3項)を提案する内容が含まれていた。ただし,その後の立法経過において,第264条3項は削除されることになった。この事実は,KapAEGによる改正の焦点が連結決算書レベルに収れんする過程をよく表している。これは,連邦議会の法務委員会報告において,第292a条の免責可能性が連結決算書に限定されるべき点で,政府法案と法務委員会の見解は一致している。利益配当および課税の基礎となる個別決算書に影響は及ばない[18],と強調されていることからも明らかである。

【注】
1) KapAEGの法制化に際しての主な立法経過(資料)は,次のとおりである。
　①法務省案(1996年6月7日)
　②政府法案(967/96:1996年12月20日)
　③修正政府法案(13/7141:1997年3月6日)
　④連邦議会法務委員会(第6委員会)の決議勧告および報告(13/9909:1998年2月12日)
　⑤官報公表(公表日:1998年4月23日)
2) KapAEG [1996c], S. 8.
3) こうしたドイツ企業の実務対応に関しては,Kirsch/Dohrn/Wirth [2002], S. 1218-1219. が詳しい。
4) KapAEG [1998c], S. 8-9. なお,この1996年の政府法案,および後述する1998年の法務委員会報告の全容については,佐藤誠二・稲見亨 [1998c], 131-141頁を参照されたい。
5) *Ebenda*, S. 9.
6) KapAEGは,次の5条からなる条項法である。
　　第1条　商法典の修正
　　第2条　有限会社法の修正
　　第3条　連結決算書免責命令の修正
　　第4条　統一的命令順序の回復
　　第5条　施行
7) KapAEG [1998c], S. 4-5. なお,この第292a条(閣議決定案)を紹介したものとして,黒田全紀・ラフィデナリヴ・ティアナ [1998], 9-14頁がある。
8) *Ebenda*, S. 11-12.

9) *Ebenda*, S. 12-13.
10) *Ebenda*, S. 13.
11) *Ebenda*, S. 13-14.
12) KapAEG [1998d], S. 708.
13) KapAEG [1998a], S. 11.
14) この点に関し,ドイツ経済監査士協会(IDW)の専門誌上で,「第292a条の免責規定は,ノイア・マルクトにおいても適用される。」(IDW [1998], S. 405.)ことが公にされている。なお,ドイツの証券市場セグメントに対する上場認可要件と商法典第292a条との連携については,佐藤誠二 [2001] 第2章が詳しい。
 もっとも,最近のドイツ資本市場改革において,国内の証券市場(フランクフルト)は再編され,「プライム・スタンダード(Prime Standard)」市場と「ゼネラル・スタンダード(General Standard)」市場に二分化されている(Deutsche Börse [2003])。これにより,ノイア・マルクトは閉鎖されることになった。
15) KapAEG [1998d], S. 709.
16) KapAEG [1998a], S. 10.
17) *Ebenda*, S. 11.
18) *Ebenda*, S. 10-11.

第4章　企業領域統制・透明化法による
　　　　　ドイツの会計国際化対応

は　じ　め　に

　ドイツにおいては，1998年に，ほぼ同時に重要な2つの法律が制定された。その1つは，KapAEGであり，いま1つは「企業領域における統制および透明性に関する法律：企業領域統制・透明化法（KonTraG）」である。本章は，後者のKonTraGを分析するものである。

　第2章および第3章で検討したように，KapAEGのポイントは，国内，国外を問わず取引所に上場するドイツ親企業が「国際的に認められた会計原則」準拠の連結決算書を作成する場合，国内基準（商法規定）による連結決算書（および連結状況報告書）の作成を免除することであった。したがって，KapAEGは，IAS/US-GAAPが意図される「国際的に認められた会計原則」への対応に向けて，連結決算書の免責条項（商法典第292a条）による特例措置を設ける試みであった。これは，いわば会計規定面での対応である。

　これに対して，KonTraGは，また別の側面を有している。すなわち，KonTraGでは，会計基準設定主体の創設を支援する法条項（商法典第342条，第342a条）が導入された。これは，「国際的に認められた会計原則」に向けた，基準設定の側面からの対応といえる。つまり，ドイツにおいては，商法典の枠組みのなかで，KapAEGによる会計規定面と，KonTraGで実現した基準設定主体の側面から国際化対応が図られた。

　本章では，会計領域からみたKonTraGの要点を指摘するとともに，ドイツ版の基準設定主体，すなわち，ドイツ会計基準委員会（DRSC）の成立経緯に

ついても言及してみたい。

第1節　KonTraGによる商法改正の要点

1　KonTraGの概要

　1998年4月27日付のKonTraG[1]は，株式会社の決算書監査制度の見直しをはじめ，ストック・オプション，自己株式の取得の規制等に関連して，商法典や株式法等の改正をつうじて，とくにコーポレート・ガバナンス（企業統治）に関連する諸制度の整備を目的とした大部な法律である[2]。その場合にも，先行のKapAEGに連携して，ドイツの会計国際化対応に必要な諸策が盛り込まれている。

　まず，KonTraGでは「取引所上場（Börsennotierung）」の定義が，株式法上，新たに追加されることになった。すなわち，取引所上場とは，「国家に認められた部門により規制され，監督され，定期に開かれ，公衆が直接的および間接的に参加できる市場において，その株式が取引されている」（株式法第3条2項）場合である。したがって，この「取引所上場」の定義は，KapAEGによる免責条項（商法典第292a条）と密接なかかわりを持つ。すなわち，第292a条では，取引所上場のドイツ親企業が「国際的に認められた会計原則」にもとづく連結決算書（および連結状況報告書）を作成する場合，一定の条件のもとで，商法典にもとづく連結決算書（および連結状況報告書）の作成を免除される，と定められたからである。

　また，KonTraGにより商法典第297条1項に，新2文として，「取引所上場親企業の法定代表者は，キャッシュ・フロー計算書およびセグメント報告書を追加し，連結附属説明書を拡張しなければならない。」との文言が追加された。これにより，取引所上場企業に対して，キャッシュ・フロー計算書およびセグメント報告書の作成が新たに定められ，連結附属説明書の内容が拡充されることになった。

　さらに，状況報告書に関して，資本会社の営業経過および状況の記述を求め

る第289条1項に,「その場合,将来の発展にかかわるリスクにも言及しなければならない。」との挿入句が追加された。それに伴い,連結状況報告書に対しても,第315条1項に同文が追加され,これをもってリスク情報開示の拡大が図られた。

したがって,キャッシュ・フロー情報,セグメント情報,リスク情報に関して,附属説明書および状況報告書における報告と開示の拡張が図られ,それにより,資本市場指向的な国際基準への適応が鮮明に打ち出されている。なお,KonTraGに対する「連邦議会法務委員会の決議勧告および報告(13/10038)」(以下,法務委員会報告と表記する)によると,商法典第297条1項に関して,キャッシュ・フロー計算書およびセグメント報告書の作成に関する詳細な規定を設けることは断念しているという。これは,新たに創設が予定される会計委員会の任務であり,そのことをもって,国際基準(たとえばIAS)に対応することが可能になるとしている[3]。

2 会計基準設定主体の設置条項

KonTraGのもう1つの特徴は,KapAEGから引き継いだ基準設定主体の設置条項の創設である。その場合,商法典第三編に新たに第5章が設けられ,そこに「第342条 私的会計委員会」,「第342a条 会計審議会」という2種類の条項が収容された。

まず,第342条および第342a条を確認すれば,それは次のようになっている。

「第342条 私的会計委員会
(1) 連邦法務省は,私法上組織された機関を協定により承認し,かつその機関に次の任務をゆだねることができる。
　1. 連結会計に関する原則の適用のための勧告の開発
　2. 会計規定に関する立法手続きに際しての連邦法務省への助言,および
　3. 国際的な基準設定委員会におけるドイツ連邦共和国の代表
　ただし当該機関は,その定款にもとづき,勧告が独立的にかつもっぱら会

計人により，専門的利害を有する公衆が参加する手続きのなかで開発され，かつ決議されることが保証されるものだけが認められる。企業または会計人の組織が当該機関の委員である場合，委員の権利の行使は会計人にのみ認められる。

（2）連邦法務省により公示された，1項1号にもとづき認められた機関の勧告が遵守されるならば，連結会計にかかわる正規の簿記の諸原則が遵守されているものと推定される。」[4]

「第342a条　会計審議会
（1）連邦法務省のもとに9項を留保のうえ，第342条1項1号にもとづく任務を有する会計審議会が設けられる。
（2）会計審議会は次により構成される。
　1．議長として連邦法務省の代表者1名，ならびに連邦財務省および連邦経済省の代表者各1名
　2．企業の代表者4名
　3．監査を行う職業人の代表者4名
　4．大学教授の代表者2名
（3）会計審議会の委員は連邦法務省により任命される。委員として，会計人だけが任命されなければならない。
（4）会計審議会の委員は独立し，かつ指示に拘束されない。審議会における活動は無償である。
（5）連邦法務省は審議会に対して職務規定を発布することができる。
（6）審議会は特定の専門領域に関して，専門委員会および作業部会を設置することができる。
（7）審議会，その専門委員会および作業部会は，委員の少なくとも3分の2の出席により決議を行うことができる。採決には過半数の得票，可否同数の場合には議長の投票により決定される。
（8）会計審議会の勧告については第342条2項が準用される。

（9）連邦法務省が第342条1項にもとづく機関を認める限り，本条1項による会計審議会は設けられない。」[5]

　KonTraGに対する法務委員会報告によると，第342条ならびに第342a条の創設の背景は次のようである。
　会計領域においては，基準設定（Standardisierung）が国際的な慣行になっている。基準設定は通常の場合，民間が担っている。アメリカのFASB, さらにはIASCがこの例である。ドイツには独自の基準設定主体が存在しないため，近年，国際的な基準設定，とくにIASCの活動に対してドイツの影響力が及ばないとの批判が高まっている。IASCが各国の基準設定主体との連携強化の姿勢を明確に打ち出したため，ドイツにおいても会計委員会の速やかな創設が求められている。会計委員会が創設されることになれば，IASCへのドイツの影響力の行使が確保されるであろう。もしそうならない場合には，ドイツの影響力が十分に及ぶことのない，国際的な基準設定作業がいっそう進むおそれがある。会計委員会の設立が民間主導で実現すれば，これは大きなメリットである。経済界が自ら率先して会計委員会を設立することを期待して，立法者はその枠組みだけを定めた。もしこの期待に反して，会計委員会の設立を民間が担わない場合，その代替策として，商法典第342a条は，法務省に会計審議会を設けることを定めている[6]，と。
　このように，第342条と第342a条の2つの条文でもって，民間主導による会計委員会の承認方式も，また政府が関与する会計審議会の設立方式も選択可能な「複合モデル」が具体化されている。もちろんこの場合，後者の審議会設立方式は，法務委員会の見解によれば二次的解決策である。
　さらに，法務委員会報告によると，優先されるべき第342条の具体化，すなわち民間機関の設立方式に関して，次のような説明がある[7]。
　第342条1項の前段において，法務省が民間の機関を協定により承認したうえで，連結会計にかかわる会計勧告の開発，法務省への助言，そして国際機関におけるドイツの代表という3つの任務を会計委員会にゆだねる点が定められ

ている。協定に関しては，たとえば，1975年に経済省が社団法人ドイツ工業規格協会（Deutsches Institut für Normung : DIN）に対して定めた協定が手本になるであろう。会計勧告の作成は，明確に連結会計に限定される。会計勧告の開発はIASCの活動と密接に関連する。当該勧告は目下のところ，ドイツにおいてはとくに取引所上場企業にとってのみ意味を有するにすぎない。

　加えて，第342条1項の後段では，基準設定作業に不可欠な要件が定められている。この場合，とくに重要な点は，会計委員会が定款に沿う準備をしたうえで，IASCの手続きにならい，会計勧告の開発の際，会計利害関係者の幅広い参加を保証することである。さらに，勧告が，独立した会計人により開発され，決議されるという点が保証されるべきである。この場合の会計人とは，商学士，経済学士もしくはそれに相当する資格を有する経理担当者等が相当する。また，経済監査士，税理士，弁護士として商法および税法にもとづき助言もしくは監査を行う人々が相当する。さらに，会計人には，上述の人々と比較可能な資格を有し，かつ会計もしくは監査に従事するあらゆる人々も含まれる。この分野を専門とする大学人またはその他の国家部門に属する人々も同様である。

　また，第342条の2項は，勧告に強い実行力を与えるために，推定規定を定めるものである。ただし推定的効力は，法務省が勧告を公示する場合にのみ有効となる。

第2節　ドイツ型「会計基準設定主体論」の歴史的経緯

　上述のように，KonTraGにより，私的会計委員会（第342条），もしくは法務省に設けられる審議会（第342a条）の設立という2つの選択肢が商法上，与えられた。そして，現実には，前者の方式が優先的に採用され，これを受けてDRSCと称される民間の基準設定機関が設立される運びとなった。

　ただし，ドイツ版の基準設定主体の創設をめぐる議論は，KonTraGにおいてはじめて浮上したわけではない。ドイツの会計立法史にみる「会計基準設定

主体論」は，少なくとも今からさかのぼること20年以上も前，会計指令法の法務省案（1980年2月5日付）においても確認できる。

1 1985年商法改正の際の論議

1980年の法務省案では，「正規の簿記の諸原則（GoB）の確定を任務とする機関」として，ドイツ版の基準設定主体の設置が提案されていた。

そこでは，次のような条文が策定されていた。

「第290条　正規の簿記の諸原則の確定
（1）連邦法務大臣は，連邦経済大臣の同意を得て，年度決算書が第238条3項にいう実質的諸関係に合致する写像を伝達することを保証するために，または欧州共同体内において正規の簿記の諸原則を調整するために必要である限り，法規命令により，第238条2項にいう正規の簿記の諸原則を確定する権限を与えられる。
（2）他の正規の簿記の諸原則が存在し，それを用いることで第238条3項にいう実質的諸関係に合致する写像が伝達される場合には，1項により発布される諸規定から離脱することが認められる。離脱は報告書に記載し，用いられた正規の簿記の諸原則の説明のもとで理由づけられなければならない。年度決算書が決算書監査人による監査を受ける場合，決算書監査人は確認の付記のなかで，用いられなかった規定の指示のもと，離脱を認める旨を説明しなければならない。決算書監査人が離脱を認めない場合，確認の付記をそれに沿う形で限定しなければならない。
（3）1項による正規の簿記の諸原則の確定は，連邦法務大臣が連邦経済大臣の同意を得て，法規命令により，民間団体または個人の公表物を指示，また，そのことを正規の簿記の諸原則として連邦官報に同時に公示することで指定することもできる。
（4）法規命令は，連邦参議院の同意を要しない。」[8]

この第290条のうち，とくに重要な部分は1項と3項である。すなわち，1項は，GoBを法規命令により確定する権限を法務大臣に付与することを明文化したものである。また3項では，法務大臣が法規命令をつうじて，民間団体もしくは個人の公表物をGoBとして指定する可能性を開くものである[9]。

しかしながら，この第290条の提案は，経済界をはじめ関係諸団体の激しい抵抗に遭い，その後の立法経過において撤回されることになった。その抵抗の理由は，GoBが法規命令によって決定されるのは，国家の手にゆだねられることを意味すること，さらにはGoBの新たな確定方法により，基準性原則にもとづく税務上の影響が懸念されるというものであった[10]。

2 KapAEG法制化の際の論議

その後，ドイツ版の「会計基準設定主体論」が立法作業の過程で再び登場するのは，KapAEG法制化の当初の局面である。すなわち，1996年のKapAEG法務省案は，その理由書のなかで次のように述べている。

外国あるいは国際基準の適用は，ドイツの法規定もしくはGoBと調和しない場合には認められない。このうち，法律に定められていないGoBについては，それが文書形式では記録されず，かつ公表もされないという問題がある。唯一，係争の際に裁判所の判決からうかがえるだけである。したがって，ドイツにおいては現在，GoBとなりうる基準を開発し，かつそれを公表する確固たる組織は存在しない。金融派生商品会計のような最新の問題に対して，国際的に認められた基準を用いることは，会計の調和化に資する限り異論はない。ただし，その基準には，ドイツの商人が独自に開発した会計方法以上の高い質は認められない。立法手続きによってのみ法規定が設けられるように，外国の基準は，ドイツの機関を介することによってのみドイツの基準になりうる。しかもそれは，ドイツの当該機関が，外国基準をドイツ語に翻訳し，公表し，かつドイツ基準として指定することが前提である[11]，と。

このように，1980年代前半に存在していた基準設定主体の設置構想が，1990年代の半ばに至って，KapAEGの法務省案段階で再浮上したことが確認

できる。ただし，法務省案からは，これ以上の内容を確認することはできない。さらなる詳細に関しては，KapAEGの（当時の）担当官であった法務省のビーナー（Biener, H.）の「法規範ではなく専門基準」と題する論文が参考になる。そこでは，ビーナーの私案が次のように表明されている。

　GoBは，少なくとも利益決定に影響を及ぼす限り，法規とみなされなければならない。したがって，法律としてのGoBの確定は，憲法上の理由から，民間の機関にゆだねることはできない。そのかわり，民間の機関による基準については，それを法規範に格上げするのではなく，法律上推定することが可能である。このようにすれば，立法者が新たな法規定を創設する必要もなく，商人による自主管理のもとで，専門基準が確立するであろう。ただし，誤解を避けるために，こうした専門基準はGoBとよばれるべきではない。法的な拘束力がないことを明確にするために，当該基準は，ドイツ会計基準（Deutsche Standards der Rechnungslegung ; German Accounting Standards）と称されるべきである。このドイツ会計基準がGoBの質を獲得しえるのは，判決による一般的な承認を経た後である[12]，と。

　このように，KapAEGの担当官により，GoBとは明確に区別された専門基準に関する提案が試みられている。しかも留意すべきは，ビーナーの提案が，ドイツの従来の立法方式の全面的な変更，そして商法典を中心とするドイツ会計法体系の組替えを意図するものではない，という点である。むしろ，会計立法方式の枠組みを保持することを前提に，法規範とは異なる専門基準（「ドイツ会計基準」）の設定と，それを担う民間部門の具体化[13]に向けての提案である。つまり，基準設定主体の側面から国際化対応を図るとはいえ，ドイツの立法権限を維持していくというスタンスに変わりはない。

　こうした背景のもと，KapAEG法務省案のなかで浮上したドイツ版の基準設定主体の設置構想は，その後，KonTraGに引き継がれ，DRSCの設立という形で現実化する運びとなった。もちろん，ここで採用されたのは商法典第342条による「私的会計委員会の承認方式」である。

　先にみた法務委員会報告からも確認できるように，第342条によれば，法務

省との正式な協定（契約）の締結のもと，DRSCには次の3つの任務が与えられる。

（1）連結会計にかかわる勧告の開発
（2）会計立法に際しての法務省への助言
（3）国際的な会計基準設定機関（とりわけIASC）へのドイツの代表

この3つの任務はきわめて特徴的である。まず，DRSCが開発する会計勧告は連結会計レベルのものに限定される。この場合，DRSCの会計勧告への効力の付与は，法務省による官報公表が条件になっている点が重要である。これは，官報に公示された会計勧告が遵守される限り，「連結会計にかかわる正規の簿記の諸原則（GoB）の遵守が推定される」（商法典第342条2項）という，推定的効力の付与方式である。したがって，DRSCには会計勧告の開発任務が与えられるものの，当該勧告を実施する権限は法務省に残されている。

また，会計領域の専門性を生かして法務省に助言を行う役割が与えられている点，さらには，とくにIASCのような国際的な基準設定レベルでのドイツの影響力の行使という役割がDRSCに期待されていることも注目されよう[14]。

3 基準設定主体の創設をめぐる論争

ただし，KonTraGの成立間際において，商法典第342条による民間の基準設定主体の設置に関して論争があった。

KonTraGの担当官である法務省のエルンスト（Ernst, C.）の書簡（1998年4月29日付）によれば，「会計法上，誰が決定を下すのか？」という問題提起のもと，ボン大学教授のシェーン（Schön, W.）による批判論文が，立法の大詰めの段階で話題になったという。この論争は，シェーンがまず専門誌の巻頭で批判論を展開し，これに後続の号において，法務省政務次官のフンケ（Funke, R.）が反論する形で行われた。

（1）シェーンによる批判
まずは，シェーンによる批判の要点を確認しておきたい。

シェーンは，会計委員会を設置すること自体には一定の理解を示している。すなわち，KonTraGでもって，近年，とくに法務省により強く主張されてきた「GoB委員会」構想が現実のものとなる。連結決算書をめぐる世界規模の戦いの「大きな渦」のなかで，公認の代理機関が法務省を支援すべきであろう。私法上，民間機関を設立する選択肢をとれば，「スリムな国家」や「規制緩和」の要請に合致するかもしれない[15]，と。

　しかしその一方，会計委員会の性格に関して，シェーンは，具体的に以下のような批判を展開する。批判の大略は2つである。第1は，新委員会（シェーンは，これを「GoB委員会」と称している）の主要任務である「連結会計にかかわる勧告の開発」に関して，それがドイツの商法規定の体系上，結局は，個別決算書にかかわる規定にも波及し，従来の商法慣行，さらには税務慣行にまで大きな影響がもたらされるという点である。シェーンの見解を確認すれば，次のようである。「連結会計に関する規定には，商法典第298条1項により，主として第244条～第256条，そして第265条～第283条，すなわち人的企業および資本会社の個別決算書に関する規定が準用される。また，商法典297条2項の連結GoBは，商法典第264条にいう一般のGoBと何ら変わりはない。「GoB委員会」が連結決算書に対する勧告を出すというのなら，「GoB委員会」は，拘束力をもって，それも個別決算書の貸借対照表計上原則に対して意見を述べるということになろう。また同時に，基準性原則をつうじて税務貸借対照表にも影響が及ぶ。したがって，「GoB委員会」は，商法会計および税法会計上の実践に対して決定的影響力を持つことになる。こうした帰結について，なぜ立法者はあいまいなのか」[16]，と。

　そして第2の批判は，新第342条2項が定める「勧告」への効力の付与方式についてである。

　シェーンの批判は次のようにまとめられる。勧告は，はたして法的拘束力を有しないのであろうか？これもそうとは限らない。なぜなら，第342条2項によれば，「勧告が遵守されるならば，連結会計にかかわるGoBが遵守されているものと推定される」からである。とくに，法律の世界では，事態は「推定」

できるけれども，法規範を「推定」することはできない。KonTraG法案は，GoBを商人の実際の慣行，すなわち「専門基準」として理解する方向に傾いているようにみえる。したがって，法案は，ドイツ会計法の基盤に矛盾する。100年を費やして，裁判所および学問の影響のもとで，商人の商慣習としてのGoBから，法規としてのGoBという規範的理解へと発展をみた。そもそもGoBの拘束力は，民事裁判所もしくは財政裁判所での係争のなかで確認される。したがって，勧告の法的性質をめぐるコンフリクトが生じることは明らかである[17]，と。

（2）法務省のフンケの反論

以上のシェーンの批判に対して，法務省のフンケは，以下のような反対論を展開する。

まず，第1の批判点である「連結会計にかかわる勧告の開発」任務の解釈に関して，フンケは次のように反論する。「連結会計に限定した委員会の任務に対するシェーンの批判には納得できない。連結会計への限定は，おそらく非常に有効なものとなる。もちろん，ドイツの会計法は，個別決算書に関する規定が大部分，連結決算書に対しても用いられる。ただし，このことは，必然かつ例外なしにあてはまるわけではない。シェーンが商法典第298条1項により，第244条以下の諸規定が連結決算書に準用されることだけを指摘するのであれば，それは誤解を招く。むしろ，ここでは，連結決算書に特別に適用される商法典第300条以下にも言及する必要がある。第300条2項および第308条1項により，連結決算書における計上選択権および評価選択権が個別決算書と無関係に行使されることは明らかである。それに相当する連結決算書における計上方法および評価方法はGoBであり，したがって個別決算書に対する影響は生じない」[18]，と。

また，第2の批判，すなわち「勧告」の法的効力の解釈に関しても，フンケは次のように反論する。商法典第342条2項に対するシェーンの批判もまた的確ではない。技術的領域においては，こうした推定規定は慣行になっている。

第4章　企業領域統制・透明化法によるドイツの会計国際化対応　51

「一般的に認められた技術水準」の遵守は，たとえば，ドイツ工業規格協会（DIN）の基準が遵守される場合に推定される。つまり，一般条項を介して民間機関（DIN）の基準が用いられる。（中略）要するに，推定規定に関しては，勧告がかりに法務省により公示される場合であっても，当該勧告はもちろん法的拘束力を有しないことが確認されなければならない。裁判所は，特定の計上方法および評価方法がGoBに一致しているかどうかについての判断および決定には自由である。さらに，当然のごとく，勧告は商法典の枠内において定められる[19]。

以上,「会計法上，誰が決定を下すのか？」と題して行われたシェーンとフンケの論争は，直接的には，新基準設定主体の「勧告」が連結会計レベルに限定されるのか，そして，その法的効力の解釈を論点として展開されたものであった。これは，つまり新基準設定主体による「勧告」のGoB化の可能性に帰着する問題である。

この論争は，エルンストの書簡によれば，シェーンの批判が退けられる形で決着をみたという。連邦政府は，むしろ，私的会計委員会を設立する法的枠組みを設けることこそ重要であるという立場を貫いた。その後，KonTraGは速やかに可決され，これを受けて現実に，DRSCが創設される運びとなった[20]。

　お わ り に

以上，1998年に成立したKonTraGは，キャッシュ・フロー計算書ならびにセグメント報告書の導入による連結附属説明書の拡張に加えて，ドイツ版基準設定主体の設置条項（第342条，第342a条）の導入を実現した，重要な法律であった。とくに，基準設定主体の設置構想は，歴史的にみてその浮上と見送りの繰り返しであった。しかも，その実現間際においても，論争が繰り広げられる経緯を有していた。その意味で，DRSCの創設は，ドイツの会計史上，まさに特筆すべき出来事であったといえよう。

立法資料等から判断できるように，ドイツ版の基準設定主体の設置構想は，連結会計の領域に焦点を当てたKapAEGの基本方針に矛盾しない形で展開さ

れた。そこで意図されたのは,現行の立法主導方式を補完しながら,「国際的に認められた会計原則」をドイツ国内基準に反映させるための組織づくりである。したがって,DRSCは連結レベルのドイツ会計基準(DRS)の設定任務を有するものの,それを強制的に実施させる権限は有しない。DRSに効力を付与する権限は,官報による公示方式のもと,法務省に残されている。

つまり,1998年のKapAEGおよびKonTraGによる国際化対応は,ドイツの伝統領域に抵触しない部分を新たに開拓し,その領域を「国際的に認められた会計原則」との接点として確保することで,実質的には,従来の枠組みを補完的に強化するという側面を持つ。この限り,KapAEGおよびKonTraGは,会計国際化に向けた体制整備の起点であり,ドイツの能動的な対応を象徴するものといえる。

【注】
1) KonTraGの法制化に際しての主な立法経過(資料)は次のとおりである。
　①法務省案(1996年11月22日)
　②政府法案(13/9712:1998年1月28日)
　③連邦議会法務委員会(第6委員会)の決議勧告および報告(13/10038:1998年3月4日)
　④官報公表(公表日:1998年4月30日)
2) KonTraGは,次の14条からなる条項法である。
　　第1条　株式法の修正
　　第2条　商法典の修正
　　第3条　開示法の修正
　　第4条　協同組合法の修正
　　第5条　有価証券取引法の修正
　　第6条　取引所認可命令の修正
　　第7条　経済監査士規則の修正
　　第8条　任意裁判権の要件に関する法律の修正
　　第9条　資本投資会社に関する法律の修正
　　第10条　有限会社法の修正
　　第11条　株式法施行法の修正
　　第12条　商法典施行法の修正
　　第13条　統一的命令順序の回復
　　第14条　施行
3) 佐藤誠二・稲見亨[1998b],79-80頁。

4), 5) KonTraG [1998d], S. 786.
6) KonTraG [1998b], S. 40-41.
7) *Ebenda*, S. 46-47. また，第342a条（会計審議会）についても，法務委員会報告により，次のような補足説明がある。

　第342a条1項1文は，第342条にもとづく民間の会計委員会の創設が認められない場合，法務省に会計審議会を設けることを定めている。会計審議会の任務は，会計委員会のそれと同一である。

　同条2項からは，審議会の構成員の詳細が明らかとなる。とくに政府の代表者も関与する。

　3項によれば，法務省が審議会の委員を任命する。その場合，会計人だけが任命される。これにより，審議会の委員の配置がもっぱら専門資格に応じて行われることが保証される。会計人の概念は，第342条の場合と同様である。

　4項は，無償で活動する審議会の委員が，独立かつ指示に拘束されないことを定めている。これは基準設定作業に不可欠な要件である。

　5項は，審議会に対して，法務省が職務規定を発布できることを定めている。

　6項は，専門委員会および作業部会の設置に関して定めている。加えて，審議会は，2項が定める構成員のもとで，意思決定機関となることが留意されなければならない。本来の専門的活動は，専門委員会および作業部会により遂行される。したがって，6項は，特定の専門領域にかかわる専門委員会および作業部会の設置を審議会に認めるものである。

　7項は，審議会，専門委員会もしくは作業部会での議決の要件を定めている。

　8項は，第342条2項を指示している。

　9項は，会計審議会モデルが，あくまで第342条の会計委員会承認モデルに対する代替策である旨，あらためて明記している（*Ebenda*, S. 47-48.）。
8) BiRiLiG [1980], S. 77-78.
9) この第290条に対して，法務省案の理由書では，次のように解説されている。「ドイツではGoBを開発し，かつそれを実行する権限または十分な権威を有する公的または私的な機関は存在しない。したがって，GoBのさらなる発展は，ドイツでは主として，立法者，財政当局および判決，とくに財政裁判所の判決により行われる。これに対し，欧州経済共同体および経済協力開発機構の他の加盟国においては，利害関係者層によって代表される，GoB発展のために設けられた特別の機関が存在するか，または年度決算書の監査を任される人々にGoBのさらなる発展がゆだねられている。

　EC第4号指令に会計を適合させることは，GoBに対して新しい要請をもたらす。長期にわたる法的不安定性およびEC第4号指令から離反する展開を避ける場合には，GoBを法律上，もしくは法規命令をつうじて確定することも可能である。さらに，それが避けられない場合にのみ法律で介入することが目的に適っているように思われるため，1項で表現されたケースに対して，法規命令による規制を可能にすることが提案される。

　GoBの弾力性を可能な限り広範囲に維持するために，2項は，そこに掲げた要件のもとで，企業が法規命令により定められたGoBから離脱できることを認めている。このようにして，GoBが個別のケースにおいて命令で定められている場合にも，実務上，

GoBのいっそうの発展が可能になる。
　　3項の規定でもって，GoBの開発に取り組む機関に，GoBの実施に関する権威を付与する可能性が開かれるべきである。このようにして，立法者が干渉することなく，GoBの開発が関係集団によって促進され，かつその実施が支援されることが期待される。
　　GoBの確定は，国家の特別の利害に抵触するものではないため，4項において，この内容の法規命令は連邦参議院の同意を要しないことが定められている。」(*Ebenda*, S. 131-132.) なお，この法務省案の邦訳として，森川八洲男［1983］，441-442頁がある。
10) Zitzelsberger, S.［1998］, S. 246.
11) KapAEG［1996a］, S. 2002-2003. ところで，このKapAEG法務省案における記述に関して，ミュンスター大学教授のベェトゲによる「意見表明」(1996年7月2日付)の内容が注目される。ベェトゲによれば，文献上での議論を背景にして，理由書にドイツの基準設定機関に言及した部分がみられることは重要である。そして，基準設定機関をつうじて，これまで一般に認められてこなかった，法律上明確に規範化されていない会計方法が得られるという意味で歓迎される，と。
　　ただし，ベェトゲによれば，法務省案に関して，次の3点に関して解決されるべき課題があるという。第1は，基準設定機関によるドイツ基準とドイツ法との結合プロセスが不明確である。第2は，ドイツ基準が強制的なものとみなされるかどうか，すなわち，GoBとみなされるかどうかについてさらなる言及が必要である。第3に，基準設定機関に関与する人員補充の問題であり，これに関して，年度決算書のあらゆる利用者層がドイツ基準の開発に参加すべき旨が読み取れない (Baetge, J.［1996］, S. 5-6.)。
12) Biener, H.［1996］, S. 69-70. なお，ビーナーによると，法務省により1995年に設けられた数省合同のワーキング・グループにおいて，ドイツ版の基準設定主体の創設に関する検討が開始されたという。
13) ビーナーによれば，アングロサクソン諸国の事例を参考に，民間方式として，次の3つの選択肢が考えられていた (*Ebenda*, S. 72-74.)。
①（拡大）IDW委任方式
②社団設立方式
③ドイツ工業規格協会（DIN）委任方式
　　①の（拡大）IDW委任方式には，IDWに会計担当者層を加えてその組織を拡大する方法，もしくはIDWが独立した基準設定主体を創設し，その運営の一切を引き受ける方法の2つの選択肢が想定されている。これは，IDWが会計勧告の開発に必要な専門知識および組織上のノウハウを有していることを評価しての案である。
　　②の社団設立方式とは，経済界のいっそうのイニシアティヴを前提としたうえで，会計士団体および会計担当者が，新たな独立機関を社団の形態で設立する構想である。
　　③のDIN委任方式とは，既存のDINと経済省との協定を修正したうえで，DINに会計勧告の開発任務を委託する方式である。
14) KapAEGに対する法務委員会報告では，「将来的に，国内の連結会計規定を国際基準に適合させることは避けられない。こうした適合の準備のため，そして国際的な会計

委員会に向けてドイツを代表するために，場合によってはKonTraGのもとで，独立した経済人からなる会計委員会が設けられるべきである」(KapAEG [1998a], S. 10.)と述べられていた。

15), 16), 17) Schön, W. [1998], Gastkommentar. このシェーンとフンケの論争は，具体的にはDer Betrieb (DB) 誌の巻頭に掲載される「客員解説」の部分で行われた。なお，シェーンが引き合いに出す商法典第298条1項は次のような内容である。「連結決算書については，その特殊性による離反を必要とせず，または次の諸規定に別段の定めがない限り，年度決算書に関する第244条から第256条，第265条，第266条，第268条から第275条，第277条から第283条が，また大資本会社に適用される限り，本法の適用領域内に所在する連結決算書に組入れられる企業の法形態および業種に対して適用される規定が準用されなければならない。」

18), 19) Funke, R. [1998], Gastkommentar. なお，フンケが引き合いに出す商法典第300条2項2文は次のようになっている。「親企業により適用される法律にもとづき認められる貸借対照表計上選択権は，連結決算書に組入れられる企業の年度決算書における行使に関係なく，これを連結決算書において行使することが認められる。」また，第308条1項2文は次のようである。「親企業により適用される法律にもとづき認められる貸借対照表評価選択権は，連結決算書に組入れられる企業の年度決算書における行使に関係なく，これを連結決算書において行使することが認められる。」

20) ただし，いまなお，DRSCによる「会計基準」の性格をめぐって，それがGoBを補完するものなのか，それともGoBにとって代わるものなのかという争点は存在する。この点に関する代表的な論文として，たとえば，Beisse, H. [1999], S. 2180-2186. がある。

第5章 会計基準設定主体の成立と
国際資本市場対応

はじめに

 ドイツにおいては，1998年のKonTraGによる「私的会計委員会の承認方式」（商法典第342条）にもとづき，ドイツ会計基準委員会（DRSC）が設立された。DRSCは，法務省による正式な承認を得て[1]，その活動を開始することになった。この機関の設立は，ドイツ会計制度にとっての「歴史的瞬間（historischer Moment）」[2]であったと表現されるように，民間部門に法律とはまた別の「会計基準」の設定を認めた，まさに画期的な出来事であった。

 ところで，こうしたドイツ版基準設定主体の設置構想の萌芽が，KapAEG法制化の当初の局面，すなわち1996年の法務省案の段階で確認できることは，前章で明らかにした。この点に関し，さらに興味深いのは，当該設置条項（商法典第342条，第342a条）が，KapAEGではなくて，後続のKonTraGにおいて盛り込まれたことである。すなわち，設置条項の導入をめぐって，KapAEGからKonTraGへの受け渡しが行われるという事実が存在した。

 つまり，注目されるのは，KapAEGの法務省案の段階で提起されたドイツ版基準設定主体の設置構想が，その後のKapAEG法案（1997年3月）の段階でいったん見送られ，水面下に潜ること一年の後，KonTraG法案（1998年3月）のなかで再び浮上したという経緯である。

 このように，立法経過からみれば，基準設定主体の設置構想は，KapAEGからKonTraGへというように，2つの法律を経由して実現した。そして，その過程での，いわば立法の"空白の一年"のあいだに，その橋渡し的な役割を

果たした報告書がドイツで存在した。すなわち，1997年11月27日付の連立政権研究グループ（Koalitionsarbeitsgruppe）の報告書「魅力的なドイツの資本市場によるいっそうの雇用創出―資本市場コンセプト―」[3]である。

この報告書「資本市場コンセプト」は，基準設定主体の設置条項に加えて，キャッシュ・フロー計算書およびセグメント報告書の導入といったKonTraGに盛り込まれた処方策，さらにKapAEGの法制化の最終局面で実現した，IAS/US-GAAPに準拠した免責連結決算書（商法典第292a条）の適用範囲の拡張に関する提案を含んでいた。したがって，報告書「資本市場コンセプト」は，ドイツの会計国際化対応の方向性を決定づけた公的文書とみることができる。

本章は，報告書「資本市場コンセプト」およびそれに付随する一連の資料に依拠しながら，とくにドイツ版の基準設定主体の成立の背景に焦点を当てるものである。これにより，KapAEGからKonTraGへのドイツの国際化戦略の受け渡しの過程を鮮明に描き出してみたい。

第1節　報告書「資本市場コンセプト」の概要

1　報告書「資本市場コンセプト」の基本方針

まず，考察の対象となる報告書「資本市場コンセプト」は，当時の連立政権（キリスト教民主/社会同盟：CDU/CSU，および自由民主党：FDP）の研究グループにより，1997年11月27日付で公表された文書である。その構成は，

　Ⅰ　グローバルな「資本市場構造」の開発
　Ⅱ　資本市場の強制的な開放，拡張および深化
　Ⅲ　国際基準への会計の適合―いっそうの開示―
　Ⅳ　統制および監督機構の効率的な形成
　Ⅴ　新規企業のためのいっそうのベンチャー・キャピタル
　Ⅵ　資本市場による私的老齢年金の体制強化

の6つの章，およびその具体化のための施策をまとめた「付表」からなる。

とくに，その総論部分にあたる「Ⅰ　グローバルな『資本市場構造』の開発」

の冒頭では,「グローバルな世界経済においては,競争力のある製品市場および労働市場に加えて,国際的に魅力のある資本市場の存在する場所のみが,投資家および新規雇用を引き寄せる」[4]と記され,国際的に魅力的な資本市場の確立が強調される。さらに報告書によれば,「ドイツの資本市場は,アングロサクソン諸国の資本市場ほどには発展していない」[5]と断言される。したがって,設定されるべき「最大の目標は,ドイツの資本市場を国際的にみて魅力的かつ競争力に富む活発な市場にすること」[6]であり,それにより,直接的には金融部門での追加的な雇用が生じ,間接的には生産部門およびサービス分野においていっそうの雇用機会が高まる[7],と述べられる。

さらに報告書によると,「我々は,ある部分,伝統的な経済ならびに社会における国内の思考パターンおよび行動パターンを放棄し,一体となってグローバルな資本市場構造をドイツのなかで発展させなければならない」[8]と宣言され,こうしたダイナミックな資本市場の確立のためには,「いっそうの情報提供,透明性,規制緩和,官僚機構の削減」[9]が必要であると述べられる。そして,その具体化に向けて,資本市場にとり質および規模の面から望ましい影響を与え得る領域を確認することが必要である。なかでも,質の改善にとっての重点領域は,会計規定,開示,統制および監督機構である[10]。しかも,報告書によれば,とくに取引所上場のドイツ企業による国際指向の会計は,資本市場の質の改善と同時に,いっそうの市場規模拡大に貢献するとも指摘される[11]。

2 国際基準へのドイツ会計の適合

さらに,報告書の「Ⅱ 資本市場の強制的な開放,拡張および深化」では,ドイツの資本市場は市場指向および競争指向というには程遠く,さらに透明性が欠けている[12],と明言される。そしてこのような認識のもと,情報化および透明性の推進のためのステップとして,「第三次金融市場振興法」,KapAEG,KonTraG等による立法措置の実行が強調される[13]。

そして,報告書の「Ⅲ 国際基準への会計の適合―いっそうの開示―」では,そのタイトルが示すとおり,ドイツの会計国際化対応のための施策が提案され

ている。それは大きく分けて，(1) 連結決算書レベルでの国際適合（免責連結決算書），(2) 会計委員会の創設，(3) 新たな会計書類（数値）の導入という3つの提案である。以下，それぞれの提案内容を検討しよう。

(1) 連結決算書レベルでの国際適合（免責連結決算書）
まず，国際資本市場で標準とされる会計基準への対応に関し，報告書は次のように述べる。

「国際的にみれば，現在，さまざまな会計制度が存在する。各国の制度は，とくに透明度の点で異なっている。(中略) 国際的に通用しているのはアングロサクソン諸国の会計原則である。それは，『ベンチマーク』とみなされており，したがって，資本市場指向の（コンツェルン）企業のための『選択肢』という意味において，アングロサクソンの諸原則に対するドイツ会計の速やかな開放が目指されなければならない。ただし，それ以外の企業に対して，これを強制するものではない。

免責効果を伴うこうした選択権は，すでにKapAEG政府法案の新第292a条で定められている。すなわち，ドイツのコンツェルンが外国の資本市場の利用のために国際的に認められた基準に従わなければならない場合，当該コンツェルンは，ドイツ法にもとづく連結決算書の作成を免除される。

利点：ドイツのコンツェルンは，ドイツ法の要求を顧みることなく，必要な範囲でUS-GAAPもしくはIASへの適合が可能になる。この選択権は，とくに国際的に活動するコンツェルンに必要な裁量の余地を与えるものである。ただし，国内指向の中規模企業に対して過大な要求を行うものではない。

拡張：この選択権の利用範囲をいっそう広げるため，今後の立法手続きにおいて，外国の資本市場という限定を緩和し，取引所上場という限定にとどめるべきである。」[14]

このように，まずドイツ法にもとづく連結決算書の免責措置をつうじて，国際基準，もしくはアングロサクソン的基準への速やかな対応が提案される。しかもその場合，重要なのは，免責措置の適用範囲をめぐって，資本市場指向の

企業とそれ以外の企業という区分と同時に，連結決算書と個別決算書の任務の明確な区分というコンセプトが採られたことである[15]。つまり，中規模以下の企業に対しては従来の枠組みが維持されるよう配慮し，資本市場を指向する企業に対して，新たに免責連結決算書の作成というオプションを付与する試みである。この限り，商法および税法にもとづく利益決定面に重要な個別決算書は，従来どおり保持される。

また，とくに注目されるのは，上述のコンセプトにもとづき，「外国の資本市場」という限定をはずして，免責措置を利用できる企業の範囲を「すべての取引所上場企業」にまで拡張するという提案が報告書に盛り込まれた点である。この免責条項（商法典第292a条）の拡張提案が，実際にKapAEGの法制化の最終局面で採用され，具体化された事実は重要である。

（2）会計委員会の創設

さらに続いて，報告書は，会計の透明性のさらなる向上という観点から，民間による会計委員会の創設を提案する。これが第2の重要な提案である。すなわち，「ドイツ会計規定の透明性および現実性は，経済界による会計問題に対する独立的な助言機関の設置をつうじてより強化されるべきである。当該機関は，立法者に助言し，『正規の簿記の諸原則（GoB）』を発展させ，さらにはドイツの会計原則を現実に即したものにし，ドイツの伝統を考慮したうえで国際基準に近づけるものでなければならない。」[16]

こうして報告書により，ドイツ版の基準設定主体の設置が提案された点も見逃せない事実である。この提案もまた第1の提案と同様，法務省による支持を受けるものとなった。なお，この会計委員会の設置提案がKapAEGではなく，KonTraGにおいて具体化される経過は後述する。

（3）新たな会計書類（数値）

報告書による第3の提案は，開示の拡充を図るための新たな会計書類（数値）の導入である。報告書によれば，「ドイツにおいてこれまで要求されてきた開

示の程度は，国際慣行には適合しない」[17]とされ，取引所上場企業に対して，以下の4点をめぐって，開示面での新たな充実策が提案される。

－第4の年度決算書としてのキャッシュ・フロー計算書の導入
－統一的基準にもとづくセグメント報告書
－企業状態に関するタイムリーな報告手段の改善
－一株当たり利益の測定[18]

このように，報告書は，キャッシュ・フロー計算書やセグメント報告書等の導入をもって企業の開示実務の拡張を提案する。ただし，ここでの提案もまた，取引所上場企業に焦点づけた施策であり，非上場企業にはそれを強要しないというスタンスが採られている。しかも，この第3の提案の骨子もまた，上述の基準設定主体の設置案と同様に，KonTraGのなかで現実化することになる。

なお，ここで本章に必要な範囲で，報告書「資本市場コンセプト」の施策を

図表5-1　報告書「資本市場コンセプト」による施策

措　置	実行可能な法案：	
	KonTraG	KapAEG
国際基準への会計の適合		
―免責効果を伴う選択権（KapAEGにおける商法典新第292a条）		すでに規定
追加：外国の資本市場という限定の放棄		実行可能
―立法者への助言，「正規の簿記の諸原則（GoB）」のいっそうの発展，ドイツ会計原則の現実化および国際基準への接近のための経済界による独立した会計委員会の設置		調査（実行可能）[注]
いっそうの開示		
―第4の年度決算書としてのキャッシュ・フロー計算書の導入	調査	
―統一的基準にもとづくセグメント報告書	調査	
―企業状態に関するタイムリーな報告手段の質的改善	調査	
――株当り利益の測定	（実行可能）	

注）会計委員会の設置は，報告書の段階ではKapAEGに盛り込まれる予定であった。

抜粋すれば**図表5-1**のようになる。

第2節　報告書「資本市場コンセプト」に対する法務省の反応

報告書「資本市場コンセプト」の諸提案は，その後，1997年12月2日に連邦内閣がこれを承認したことにより，管轄部局において検討が開始された[19]。上述した会計領域にかかわる3つの提案，すなわち免責連結決算書の適用範囲の拡張，基準設定主体（通達では会計委員会と表記されている）の創設，そしてキャッシュ・フロー計算書の導入をはじめとする新たな会計書類（数値）の導入は，法務省が担当することとなった。そして，以下で考察する1997年と1998年の2つの通達をつうじて，関係諸団体との意見交換が行われる段階に至った。

1　1997年の法務省通達

1997年12月11日付の通達においては，報告書「資本市場コンセプト」の提案に関して，法務省の見解が次のようにまとめられている。なお，この通達の内容に対する「意見表明」の期限は，1998年1月26日と設定されていた。

（1）連結会計と国際的会計基準

①1997年3月6日付のKapAEG政府法案（13/7141）で定められたように，外国の資本市場を利用するドイツ企業は，国際的に認められた会計原則にもとづき連結決算書を作成する場合，一定の条件のもとで，ドイツ法による連結決算書の作成を免除される。ここでは，外国の資本市場の利用が免責の要件になっている。これに対して，いまや，取引所上場という形で国内の資本市場だけを利用する企業もまた，商法典第292a条を利用できるようにすべきである。

②法務省は，この提案を歓迎する[20]。

（2）会計委員会

①法務省は，経済界による会計委員会の設立を支持する。

②当局の見解では，この提案は大変歓迎される。会計領域では基準設定

が国際的な慣行になっている。会計委員会に関しては，たとえば，次のような多様な任務が想定される。

――国際的な基準設定委員会におけるドイツの代表。これは，予定されるIASCの再編との関連でとくに重要な意味を持つ。IASCは今後，IASの開発に際し，各国の基準設定機関との連携を強化する予定である。
――法律もしくは正規の簿記の諸原則（GoB）の開発
――今後の立法手続きに際しての法務省への助言

付録として，会計委員会の設立を支援する法規定の原案を添付している。これに関して，当該構想が関係諸団体に受け入れられ，それにみあう委員会が創設される場合にのみ，本提案が実りあるものになるということを強調したい。連邦政府は，会計委員会の活動を支援する法的な枠組みを設けるにすぎない[21]。

（3）キャッシュ・フロー計算書およびセグメント報告書

① 取引所上場企業に対して，キャッシュ・フロー計算書が第4の年度決算書として導入されるべきである。さらに当該企業に対して，セグメント報告書が定められる。

② この提案も歓迎される。付録として条文案を付しているが，その場合意識的に，キャッシュ・フロー計算書およびセグメント報告書の法律上の個別要件は定めていない。これは，上述の会計委員会の任務となる。さらに，このことにより企業は，キャッシュ・フロー計算書およびセグメント報告書の作成に際し，国際基準（たとえばIAS）に準拠できるであろう[22]。

2　1998年の法務省通達

上述のように，1997年の通達をつうじて，法務省による具体的な条文案の作成と，それに対する関係諸団体からの意見聴取が進められた。すでに指摘したように，第1の提案である免責連結決算書の適用範囲の拡張は，KapAEG成立の最終局面で実現し，キャッシュ・フロー計算書およびセグメント報告書の導入案は，KonTraGにおいて具体化の運びとなった。

ところで第2の提案,すなわち基準設定主体(会計委員会)の創設については,その後,1998年の新たな通達をもって,法務省の見解および改訂条文案が関係諸団体に示された。1998年2月17日付の通達の内容は,次のとおりである。

会計委員会の設置に関する改訂条文は,第1義的なものとして民間の担う会計委員会の承認(商法典第342条),また代替案として,政府の代表が参加する会計審議会の設立(商法典第342a条)を定める複合モデルとなっている。その場合,商法典第342条1項の要件を満たす民間機関の設立を連邦政府が歓迎することを条文の形で表現している。ただし立法者は,法的な枠組みを設けるにすぎない。その枠組みとは,とくに経済界の代表および監査人といった関係者を,私的会計委員会の創設に取り組ませるためのものである。そのため,本原案は,しかるべき期間内に民間の担う委員会が創設されない場合,法務省に会計審議会を設けることを定めている。

会計委員会ないし会計審議会の任務は,とりわけ,立法に際しての法務省への助言,国際的な基準設定委員会におけるドイツの代表,および勧告の開発である。最後に示される勧告の開発という任務は,—「意見表明」において多くが望んだように—明確に連結会計に対するものに限定される。勧告の開発は,国際的な基準設定作業と密接な関連を有する。ただし,IASCの基準は当面,ドイツにおいては連結決算書に対してのみ意味を持つ。さらに,連結決算書に限定することにより,税務上の利益決定に対する当該勧告の影響を排除することができる[23],と。

以上のように,この1998年の通達の段階で,ドイツ版基準設定主体の設置条項の内容がほぼかたまり,当該条項が,KonTraGの法制化の最終局面で盛り込まれることになった[24]。先の1997年の通達では,会計委員会の設置条項が既存の商法典第264条への新3項および4項の追加という形で提案されていた。これに対して,1998年の通達においては,第342条および第342a条の新設という形で,形式上,一部変更された事実には注意を払う必要があろう。

さらに,ここでは2つの内容が重要である。その第1は,1998年の通達に

おいて，会計委員会の設置条項がいわゆる「複合モデル」として条文上表現された点である。すなわち，優先されるべきは民間主導による会計委員会モデルであり，その代替案としての政府が関与する会計審議会モデルはあくまで備えであることが明確にされた。

第2に，会計委員会が開発する勧告（会計基準）は連結会計に限定されることが確認された点である。先行の1997年の通達では，会計委員会の任務は，「法律もしくは正規の簿記の諸原則（GoB）の開発」とだけ表現されていた。この変更は，「意見表明」による各界の要望に応えたものであり，KapAEGの基本方針にも沿うものである。1998年の通達のなかで強調されたように，この措置は，税務上の利益決定に対する勧告（会計基準）の影響を意識的に回避するためのものであった。

なお，これまでの考察の要点をまとめれば，図表5-2のようになるであろう。

おわりに

本章の目的は，報告書「資本市場コンセプト」と，それに関連する一次資料

図表5-2 商法レベルの施策と報告書「資本市場コンセプト」の位置

報告書の提出 ⇒ 連邦内閣の承認 ⇒ 法務省による条項案作成（2つの通達）

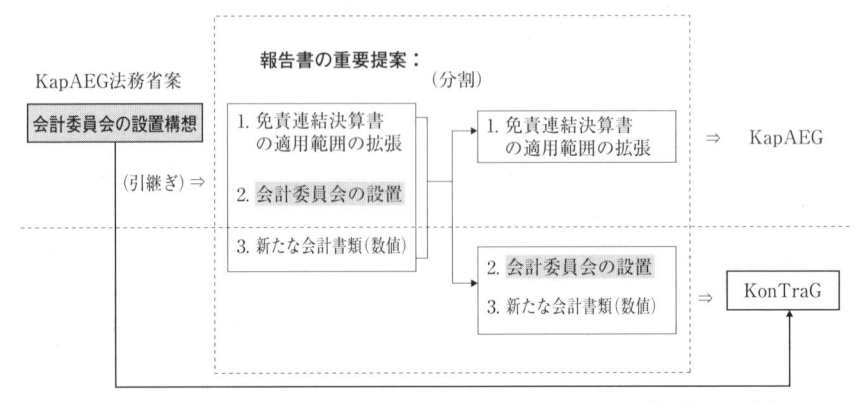

KapAEG法務省案
会計委員会の設置構想
（引継ぎ）⇒

報告書の重要提案：
1. 免責連結決算書の適用範囲の拡張
2. 会計委員会の設置
3. 新たな会計書類（数値）

（分割）
1. 免責連結決算書の適用範囲の拡張 ⇒ KapAEG
2. 会計委員会の設置
3. 新たな会計書類（数値） ⇒ KonTraG

（会計委員会の設置条項に関する，KapAEGからKonTraGへの受け渡しの過程）

をもとに，ドイツ版の基準設定主体の設置条項（商法典第342条および第342a条）の導入をめぐる，KapAEGからKonTraGへの受け渡しの過程を鮮明に描き出すところにあった。すなわち，ドイツの会計国際化対応に関して，表面的には，いわば立法の"空白の一年"に光を当てたものである。

この分析をつうじて，次の点が明らかになった。第1は，報告書「資本市場コンセプト」とそれに関連する法務省の通達が，基準設定主体の創設とその性格づけに決定的な役割を果たしたことである。第2に，KapAEGにおける免責条項（商法典第292a条）の適用範囲の拡張，またKonTraGによるキャッシュ・フロー計算書およびセグメント報告書の導入が，報告書「資本市場コンセプト」の提案にもとづいていたことである。

もともと，基準設定主体の設置条項がKapAEGからKonTraGへというように，2つの法律にまたがって形成されたこと自体に大きな意味はない。むしろ，報告書「資本市場コンセプト」およびDRSCの現実化の過程が，KapAEGおよびKonTraGという2つの立法措置をつなぐ"結節点"の役割を果たすと同時に，ドイツの会計国際化の方向性を決定づけた点に重要な意味がある。

【注】
1) DRSC［1998b］, S. 1-5.
2) DRSC［1998a］, S. 1. ところで，ドイツ会計基準（DRS）としては，2003年9月現在，以下の基準が策定されている（日付は公表日）。
 DRS第1号「商法典第292a条による免責連結決算書」（2000年7月22日）
 DRS第1a号「商法典第292a条による免責連結決算書－US-GAAPによる連結決算書：のれんおよびその他の無形固定資産」（2002年4月6日）
 DRS第2号「キャッシュ・フロー計算書」（2000年5月31日）
 DRS第2-10号「信用機関のキャッシュ・フロー計算書」（2000年5月31日）
 DRS第2-20号「保険企業のキャッシュ・フロー計算書」（2000年5月31日）
 DRS第3号「セグメント報告書」（2000年5月31日）
 DRS第3-10号「信用機関のセグメント報告書」（2000年5月31日）
 DRS第3-20号「保険企業のセグメント報告書」（2000年5月31日）
 DRS第4号「連結決算書における企業取得」（2000年12月30日）
 DRS第5号「リスク報告書」（2001年5月29日）
 DRS第5-10号「信用機関および金融サービス機関のリスク報告書」（2000年12月30日）
 DRS第5-20号「保険企業のリスク報告書」（2001年5月29日）

　　　　DRS第6号「中間報告書」(2001年12月13日)
　　　　DRS第7号「連結自己資本および連結総利益」(2001年4月26日)
　　　　DRS第8号「連結決算書上の関連企業に対する投資の会計処理」(2001年5月29日)
　　　　DRS第9号「連結決算書上の共同企業に対する投資の会計処理」(2001年12月11日)
　　　　DRS第10号「連結決算書における潜在的租税」(2002年4月9日)
　　　　DRS第11号「関係者との関連についての報告書」(2002年4月10日)
　　　　DRS第12号「無形固定資産」(2002年10月22日)
　　　　DRS第13号「継続性の原則および誤謬の報告」(2002年10月23日)
 3) Koalitionsarbeitsgruppe ［1997］. なお，この連立政権研究グループには，「いっそうの雇用創出を目指したグローバル資本市場政策」という名称が与えられている。また，当該報告書「資本市場コンセプト」の要点に関し，Zitzelsberger, S. ［1998］. S. 246-259. に依拠する点が多い。
 4), 5), 6) Koalitionsarbeitsgruppe ［1997］, S. 1
 7), 8), 9) *Ebenda*, S. 2.
10) *Ebenda*, S. 2-3.
11), 12) *Ebenda*, S. 3.
13) *Ebenda*, S. 4.
14) *Ebenda*, S. 8-9.
15) Zitzelsberger, S. ［1998］, S. 248.
16) Koalitionsarbeitsgruppe ［1997］, S. 9-10.
17), 18) *Ebenda*, S. 10.
19) Zitzelsberger, S. ［1998］, S. 248.
20) BMJ ［1997］, S. 12.
21) *Ebenda*, S. 12-13. 法務省の原案では，以下に示す新3項と4項が，会計委員会の設置条項として商法典第264条に追加されることになっていた。
　「(3) 会計勧告の開発に関して連邦法務省により承認された機関によるもので，連邦法務省により連邦官報において公示された勧告が遵守される場合，正規の簿記の諸原則の遵守が推定される。当該勧告が，法律の意義および目的に沿わない場合，または公益を十分に考慮していない場合，連邦法務省はその公示を拒否もしくは破棄することができる。拒否および破棄に対して，1ヶ月以内であれば異議の申し立てを行うことができる。当該異議は，連邦最高裁判所の統一性の確保に関する法律の第1条にもとづき，最高裁合同部が判断するものである。
　(4) 故意もしくは過失により，正規の簿記の諸原則として公示された3項にいう勧告に違反した法定代表者は，当該離脱が客観的にみて正当なものであった場合にのみ，しかるべく誠実な行動をとったことを立証することができる。」(Zitzelsberger, S. ［1998］, S. 248.)
22) BMJ ［1997］, S. 13-14. この提案は，「取引所上場の親企業の法定代理人は，キャッシュ・フロー計算書およびセグメント報告書を追加し，連結附属説明書を拡張しなければならない。」という一文をもって，商法典第297条1項2文で実現された。なお，法務省は，これら3つの提案に加えて，さらに「小規模株式会社」，「統制および監督機構の効率的な形成」の項目に関して検討しているが，本書では，これに立ち入らない。

23) BMJ [1998], S. 10-11.
24) Zitzelsberger, S. [1998], S. 249.

第6章 資本会社 & Co. 指令法による ドイツの会計国際化対応

はじめに

1998年に成立したKapAEGでは,「国際的に認められた会計原則」にもとづく連結決算書の免責条項（商法典第292a条）の創設が重要であった。また，同年のKonTraGでは，ドイツ版基準設定主体の設置条項（商法典第342条，第342a条），ならびにキャッシュ・フロー計算書およびセグメント報告書等の導入（商法典第297条1項2文）が注目された。こうした一連の改正は，一貫して連結会計の領域に限定される点が特徴的である。

さらに，時を待たずして，2000年に成立した「第4号指令および第7号指令の適用領域修正のためのEU理事会の指令の実施，年度決算書類の公示の改善，およびその他の商法規定の修正に関する法律：資本会社 & Co. 指令法（KapCoRiLiG）」は，1998年の2つの法律に続く，ドイツの制度改革のための新たな法基盤となった。

ところで，KapCoRiLiGには，先行の2つの法律にはみられない立法動機が存在する。

1999年12月14日付の「連邦議会法務委員会の決議勧告および報告（14/2353）」（以下，法務委員会報告と表記する）によれば，立法の背景に次の事実が存在する。「欧州裁判所は1998年9月29日付の条約違反訴訟において，ドイツ資本会社の年度決算書の公示義務不履行に対して，十分な制裁措置が定められていないことを理由に，EU条約ならびに第1号指令，第4号指令に対するドイツの違反を確定した。またもう1つの訴訟において，欧州裁判所は1999年4月22

日付で，ドイツがいわゆる有限会社 & Co. 指令を正規に転換していないと判断した。」[1]

このように，ドイツのEU法違反を認めた一連の欧州裁判所判決が，重要な立法の契機になっている。これがKapCoRiLiGを考察するうえでの第1の論点である。

加えて，第2の論点として，さらなるEU法規との調整が挙げられる[2]。ここにいうEU法規とは，Ecu適合指令（1999年6月17日付）および第7号指令に関する経過規定を指す。

しかも，KapCoRiLiGの論点はそれだけにとどまらない。すなわち，法制化の途上で，KapAEGにより導入された免責条項（商法典第292a条）の拡張案が浮上し，それが現実化したことである[3]。これこそが，注目すべき第3の論点である。

こうして，第1の欧州裁判所判決への対応，第2のEU法規との調整という課題に加えて，商法典第292a条の修正による，IAS/US-GAAPへの（連結決算書レベルでの）いっそうの適応が第3の課題として存在している。したがって，KapCoRiLiGは，その立法動機からして多層な意味を含む法律であることは間違いない。

本章は，とくに第3の論点である「商法典第292a条の修正」に焦点づけた考察を試みるものである。その場合，KapCoRiLiGに関する一連の立法資料[4]を分析の素材にする。

第1節　KapCoRiLiGの概要

考察の対象を商法典第292a条の修正に絞るとはいえ，まずは必要な範囲でKapCoRiLiGの概要を整理しておく必要がある。

1　政府法案にみる立法目的

KapCoRiLiGの立法目的については，1999年8月13日付の政府法案（458/99）

第6章　資本会社 & Co. 指令法によるドイツの会計国際化対応　73

の「A．目標設定」において，次の6項目が列挙されている。

「1．本法案は，いわゆる有限会社 & Co. 指令の転換に資するものである。当該指令にもとづき，一定の資本会社 & Co. が第4号指令および第7号指令の適用領域に組み込まれる。ドイツに対して，1999年4月22日付で欧州裁判所により，有限会社 & Co. 指令を転換していない旨の判決が下された。

2．さらに本法案は，1998年9月29日付の欧州裁判所判決に対してドイツ商法を適合させるものである。そこでは，年度決算書の非公示に対して十分な制裁措置が定められていないと判断された。

3．小規模，中規模そして大規模会社を区分する商法典第267条の限界値が高められる。限界値の水準を規定する1999年6月17日付の新Ecu適合指令をつうじて，貸借対照表合計額および売上高に関する限界値を約25％高めることが可能となった。したがって，年度決算書の作成，監査，公示の際に小規模および中規模会社に認められる免責および簡素化が，今後，より大きな範囲で供与される。

4．EC第7号指令の第6条において，貸借対照表合計額，売上高および従業員数に関する一定の限界値が定められており，それにもとづきコンツェルンの上位親企業は連結決算書の作成義務を負う。第7号指令の経過措置にもとづき，より高い限界値の設定が可能であった。その期限が経過したため，商法典第293条における限界値を引き下げる必要がある。

5．これまで取引所上場企業のみが対象であった商法典第292a条の適用領域が拡大される。国際的に認められた会計原則に従う連結決算書の作成は，いまや，株式だけではなく，規制市場で取引されるその他の有価証券（たとえば，利益配当付社債，債券）を発行する企業にも認められる（規制市場：国家に認められた部門により規制され，監督される市場）。

6．加えて本法案は，さらなる技術的な修正を含んでいる。」[5]

以上のように，KapCoRiLiGの政府法案において，6項目からなる立法目的が掲げられている。これら6つの目的は，概して，欧州裁判所判決への対応（上記1．および2．），最新のEC指令との調整（3．および4．），商法典第292a

条の適用範囲の拡張（5.）という3つの柱にまとめることができよう（6.の技術的修正は省略可能）。

また，こうした立法目的を実現するため，もっぱら現行法を修正する条項法の形式がとられる。その場合，重点は商法典第三編への新規定の導入である[6]。

このうち，本章の直接の分析対象である商法典第292a条の適用範囲の拡張（5.）については次節で詳細に検討する。そのため，ひとまず欧州裁判所判決への対応（1．および2．），EC指令との調整（3．および4．）という点に関して整理しておこう。

2 KapCoRiLiGの個別の論点

(1) 欧州裁判所判決への対応

政府法案（458/99）の理由書によると，KapCoRiLiGは「いわゆる有限会社 & Co. 指令へのドイツ法規定の適合に資する。有限会社 & Co. 指令発布の法根拠は，欧州経済共同体条約第54条3項gである。当該規定にもとづき加盟国は，各国において社員ならびに第三者のために，会社に対して定められる保護規定の調整およびそれを等価にする義務を負う。内容的にみて，有限会社 & Co. 指令は，一定の資本会社 & Co. が指令の適用領域に組入れられるべきことを定めている。それに従い，資本会社 & Co. は，年度決算書および連結決算書，ならびに状況報告書と連結状況報告書を，資本会社に適用される規定に従い作成し，監査を受け，かつ公示しなければならない。

有限会社 & Co. 指令は，その第4条にもとづき加盟国に発せられる。指令は，直接的に適用されるのではなく，加盟国の国内法を介して有効となる。有限会社 & Co. 指令は，一定の人的商事会社をEC指令に組み込むことに関して種々なる可能性を定めており，その結果，国内立法者の判断が必要とされる。有限会社 & Co. 指令の第3条は，1993年1月1日までに，加盟国が必要な法規定および行政規則を発布するよう定めている。この期限が経過したため，EU委員会は欧州経済共同体条約第169条にもとづく条約違反訴訟手続にならい，欧州裁判所に提訴した。そして1999年4月22日付の欧州裁判所判決によ

り，次のことが確定された。ドイツは，指令により要求されたすべての法規定および行政規則を，所定の期間内に発布しなかったため，有限会社 & Co. 指令の転換義務に違反している，と。

　本法案は，さらに1998年9月29日付の欧州裁判所判決にドイツ商法を適合させるためのものである。

　当該判決でもって，欧州裁判所は，ドイツがEU条約および第1号指令，第4号指令の転換義務に抵触したことを確認した。なぜなら，ドイツ資本会社の年度決算書の公示義務違反に対して十分な制裁措置が定められていないからである。現行法によれば，商法典第335条1文6号ならびに2文にもとづき，公示義務の不履行の際，社員，債権者および従業員の申請をもって登記裁判所により強制賦課金の手続きが開始される。現行法では，強制賦課金は10,000マルクを超えない範囲である。欧州裁判所はこうした制裁措置を十分でないとみなした。欧州裁判所はその判決のなかで，具体的にどのような制裁措置を定めるべきかについて言及していない。ただし，欧州裁判所は，当該判決において，1997年12月4日付の判決（ダイハツ決定）を引き合いに出した。その判決では，社員，債権者，事業所委員会にのみ措置を講じるための申請の権利が付与されているにすぎない場合，第1号指令第6条に対する違反が存在すると表明された。さらに欧州裁判所は，1998年9月29日付の判決において次のことを指摘した。制裁措置の転換がドイツの行政にとり困難を伴うという点は，適切な制裁措置を施さないことの理由にはならない」[7]，と。

　以上から明らかなように，KapCoRiLiGの法制化の直接の契機は，2，3年の間に欧州裁判所により連続して確認されたドイツのEU法違反である。とくに，1999年4月22日付の判決にもとづき，ドイツは有限会社 & Co. 指令を速やかに国内法に転換する必要に迫られた。

　なお，有限会社 & Co. 指令は，1990年11月8日付で発布されたものであり，一定の資本会社 & Co. をEC第4号指令，第7号指令および第8号指令の適用領域に組み込むことを目的としている。ここにいう資本会社 & Co. とは，「固有の法形態ではなく，人的商事会社の特殊形態である。その場合，通常，有限

会社が合資会社の無限責任社員に任命される。あるいは，その特殊形態がそれ以外の合資会社の無限責任社員であるという多層型の場合もある。」[8]

ところで，有限会社 & Co. 指令は，KapCoRiLiGをつうじて主として商法典第264a条の新設という形でドイツ国内法に転換される。この結果，政府法案（458/99）の理由書によると，「第264a条の新規定にもとづき，一定の人的商事会社が年度決算書に関して，資本会社に適用されるものと同様の義務を負うことになる。こうした理由から商法典第264a条は，商法典第2章の諸規定が当該人的商事会社に適用可能なことを宣言するものである。」[9]

第264条は，資本会社の年度決算書および状況報告書の作成義務を定めるものである。その規定の後に新第264a条を設けることで，当該作成義務が一定の合名会社（OHG）および合資会社（KG）に適用される可能性が開かれる。この結果，とくにドイツで多くみられる有限合資会社（GmbH & Co. KG）とよばれる会社形態もまたその適用範囲に組み込まれる[10]。

したがって，資本会社 & Co. の形態に相当する上記の人的商事会社が，KapCoRiLiGをつうじて他の人的商事会社とは区別して取り扱われる。すなわち，当該会社は，資本会社に対して定められた商法典第三編第2章の適用範囲に組み込まれることになった。

なお，新設された商法典第264a条は，次のようになっている。

「第264a条　一定の合名会社および合資会社への適用
（1）合名会社および合資会社につき，その個人責任を負う社員の少なくとも1名が，
　1．自然人，または
　2．個人責任を負う社員として自然人を伴う合名会社，合資会社もしくはその他の人的会社

でない場合，または会社との関係がこの種の形で保たれている場合，本編第2章の第1節から第5節までの諸規定が，当該合名会社および合資会社にも適用される。

(2) 本章の諸規定においては，1項にもとづき，代表権を有する会社の代表機関の構成員が，合名会社および合資会社の法定代表者とみなされる。」[11]

(2) EC指令との調整

いま1つの論点に関して，政府法案 (458/99) の理由書によれば，「本法案でもって，EU法の転換のために，商法典第267条および第293条における，いわゆる限界値のさらなる調整が行われる。商法典第267条は，小規模，中規模および大規模資本会社の規模別分類を定めている。こうした区分は，商法典第三編の諸規定のさまざまな免責および簡素化にとって重要である。たとえば，小規模資本会社は，年度決算書の監査義務（商法典第316条1項）を免除され，大規模資本会社は，年度決算書を官報に公示する義務（商法典第325条2項）を負う。現行の限界値は，いわゆる1994年3月21日付のEcu適合指令にもとづいている。EU理事会は1999年6月17日付で，明確な限界値の引き上げを定める新たな指令を可決した。

商法典第293条においては，連結決算書の作成義務を負う企業にとり重要な限界値が定められている。その数値はEC第7号指令第6条5項に依拠している。EU法上定められた経過措置の期限経過のため，この限界値を明確に引き下げる必要がある。」[12]

以上のように，商法典第267条および第293条に定められる企業規模の区分基準，すなわち限界値が，EU法規との関連で修正を求められる[13]。第267条では，小規模，中規模，大規模会社を区分する限界値が新Ecu適合指令との調整のために約25%引き上げられる（**図表6-1**）。

また第293条では，EC第7号指令の経過措置の期限経過に伴い，連結決算書の作成義務の基準となる限界値が引き下げられ，当該義務を有する企業の範囲が拡大される（**図表6-2および図表6-3**）。

図表6-1　商法典第267条における限界値の引き上げ

	貸借対照表合計額（DM）		売上高（DM）		従業員数 （変更無し）
	従来	新	従来	新	
小規模会社	5,320,000	6,720,000	10,620,000	13,440,000	50
中規模会社	21,240,000	26,890,000	42,480,000	53,780,000	250
大規模会社	中規模会社に対する基準に関して，2つ以上を超える				

（出典）Wiechmann, J. [1999], S. 918. を一部修正。

図表6-2　商法典第293条における限界値の引き下げ（総額法）

	従来	新
貸借対照表合計額（DM）	63,720,000	32,270,000
売上高（DM）	127,440,000	64,540,000
従業員数	500	250

（出典）Wiechmann, J. [1999], S. 918.

図表6-3　商法典第293条における限界値の引き下げ（純額法）

	従来	新
貸借対照表合計額（DM）	53,100,000	26,890,000
売上高（DM）	106,200,000	53,780,000
従業員数	500	250

（出典）Wiechmann, J. [1999], S. 918.

第2節　KapCoRiLiGによる商法典第292a条の拡張

1　商法典第292a条の拡張の経緯

上述の新第264a条は，一定の人的商事会社をその性格上，資本会社に同等

のものとみなして商法典第三編第2章「資本会社に関する補完規定」（第264条〜第335条）の適用対象に組み込むものである。この第264a条の新設の結果，コンツェルンの親企業である一定の人的商事会社は，商法典第290条以下にもとづき連結決算書の作成義務を負う。

政府法案（458/99）の理由書によれば，「商法典第264a条1項は一般規範を意味する。その結果，当該規定に服する人的商事会社に対して商法典第三編第2章が適用される。したがって，当該人的商事会社は，年度決算書を，そして商法典第267条にいう小規模会社に該当しない限り，状況報告書もまた作成し，監査を受け，ならびに商法典第325条以下の諸規定にもとづき公示する義務を負う。当該企業がコンツェルンの親企業である場合，商法典第290条以下の諸規定にもとづく連結決算書および連結状況報告書に対しても同様に適用される。この限り，当該人的商事会社は資本会社と同等の立場に置かれる」[14]，と。

つまり，第264a条の要件に該当する一定の人的商事会社がコンツェルンの親企業である場合，当該会社は，年度決算書の作成・公示義務に加えて，商法典にもとづく連結決算書の作成義務をも負うことになった。

ところで，KapCoRiLiGの法制化の途上で，突如，商法典第292a条の拡張案が浮上した事実はきわめて重要である。すなわち，法務省による1999年5月10日の「公聴会討議案」，ならびに1999年5月14日付の通達をつうじて，商法典第292a条の修正がKapCoRiLiGに盛り込まれることになった。

第292a条は，1998年のKapAEGをつうじて導入された規定であり，これにもとづき，取引所上場のドイツ企業は，「国際的に認められた会計原則」準拠の免責連結決算書を利用することができる。

政府法案（458/99）の理由書によると，第292a条の創設の際，さまざまな方面から，取引所上場企業という限定は狭すぎると主張された。非上場企業であっても，当該企業が国際的な資本市場の利用を望む場合には，それにみあう条件を与えるべきであろう[15]，と。つまり，第292a条の「取引所上場企業」という要件を緩和すべきという要望があった。

2　新第292a条の内容とそれに連携した改正

（1）第292a条と開示法の改正

　法務省はこうした意見に速やかに反応し，KapCoRiLiGの法制化の途上で，1999年5月10日の公聴会，ならびに1999年5月14日付の通達をつうじて第292a条の拡張案を提示した。この一連の作業にもとづき，商法典第292a条に関して2つの修正が加えられた。第1に，従来の第292a条1項1文の「コンツェルンの親企業である取引所上場企業」という表現が，「有価証券取引法第2条5項にいう規制市場を，当該企業もしくはその子企業により発行された，有価証券取引法第2条1項1文にいう有価証券をつうじて利用する企業」という表現に置き換えられた。第2に，1文の後に，「1文は，規制市場での取引の認可申請が行われた場合にも適用される。」という文言が挿入された。

　よって，KapCoRiLiGによる新第292a条1項は，次のような内容になる（修正箇所は強調）。

「第292a条　作成義務の免除

（1）**有価証券取引法第2条5項にいう規制市場を，当該企業もしくはその子企業により発行された，有価証券取引法第2条1項1文にいう有価証券をつうじて利用する企業は**，2項の要件に合致する連結決算書および連結状況報告書を作成し，かつそれを第325条，第328条に従いドイツ語およびマルクで公示しているときには，本節の規定にもとづく連結決算書および連結状況報告書を作成する必要はない。**1文は，規制市場での取引の認可申請が行われた場合にも適用される**。作成を免除される書類を公示する場合，ドイツ法にもとづき作成されていない連結決算書および連結状況報告書を対象としていることが明示的に指摘されなければならない。」[16]

　この修正の理由として，政府法案（458/99）では次のように述べられている。「商法典第292a条の修正は，今後，その他の非上場企業もまた，『国際的な』－国内法から離脱した－連結決算書を作成することを可能にしたものであ

る。その前提は，当該企業が有価証券取引法第2条5項にいう規制された資本市場を利用することである。その場合，『規制市場』とは国家に認められた部門により規制され，監督され，定期に開かれ，公衆が直接的および間接的に参加できる市場である。資本市場の利用は，規制市場での取引のために，有価証券取引法第2条1項1文にいう有価証券の認可をつうじて行われる。この場合，有価証券の取引の認可申請が行われたことで十分である。これでもって，とくに－該当企業が何度も主張してきたように－，国際的に認められた会計原則にもとづく連結決算書に対して，規制市場を利用する機関投資家の期待が増しているという状況が配慮される。場外取引で扱われる企業およびそれ以外の連結決算書の作成義務を負う企業については，現行の理解では，それに見合う投資家の期待は存在せず，したがって，国内法の適用を免除する正当な理由は存在しない。」[17]

なお，1999年5月14日付の法務省通達では，「有価証券」の定義について次のように説明されている。「有価証券取引法第2条1項1文にいう有価証券とは，株式，株式の代わりとなる証券，債券，利益配当付社債，新株引受権証，そして市場で取引されうる場合に株式または債券と比較し得るその他の有価証券である。」[18]

よって第292a条の修正をつうじて，「国際的に認められた会計原則」準拠の免責連結決算書の作成という選択肢が，従来の「取引所上場企業」のみならず，一定の非上場企業にも認められることになった。

しかも，この商法典第292a条の修正に関連して，開示法の「第11条　会計義務を負う親企業」にも修正が加えられたことに留意しなければならない。開示法第11条6項は，新2号の補足をつうじて次の内容となった（修正箇所は強調）。

「（6）以下の商法典の規定が意味に即して適用される。
　1．免責連結決算書および連結状況報告書に関する第291条
　2．作成義務の免除に関する第292a条」[19]

つまり，この新 6 項 2 号により，商法典第292a条の免責が，開示法にもとづき連結決算書の義務を負い，かつ新第292a条の意味での規制市場を利用する親企業（とくに個人商人，または商法典第264a条に該当しない人的商事会社の法形態の大企業）に拡大される[20]。

（2）商法典第267条および第293条の修正

さらに，第292a条の免責範囲の拡大に連動して，「第267条　規模別分類」および「第293条　規模にもとづく作成免除」にも修正が加えられる。商法典第267条では，その3項2文が修正され以下の内容となった（修正箇所は強調）。

「（3）大規模資本会社とは，2項に掲げる3つの基準のうち，少なくとも2つの基準を超えるものをいう。**資本会社が，有価証券取引法第2条5項にいう規制市場を，自身により発行された，有価証券取引法第2条1項1文にいう有価証券をつうじて利用する場合，または規制市場での取引の認可申請が行われた場合，つねに大規模資本会社とみなされる。**」[21]

また，第293条においても，4項の後に，次の5項が新たに挿入される（修正箇所は強調）。

「（5）決算日の時点で，親企業，または親企業の連結決算書に組み入れられた子企業が，**有価証券取引法第2条5項にいう規制市場を，自身により発行された，有価証券取引法第2条1項1文にいう有価証券をつうじて利用する場合，または規制市場での取引の認可申請が行われた場合**，1項および4項は適用されない。」[22]

こうした2つの規定の修正に伴い，第267条3項で認定された大規模資本会社が「規制市場」を利用する場合，もはや，第293条1項および4項による規模にもとづく免責の適用範囲外になることが明確にされる。

以上のように，商法典新第292a条1項とそれに連動する規定の改正に伴い，免責措置を利用できる企業の範囲が「規制市場を利用する企業」という概念設定をつうじていっそう拡大される[23]。とりわけ注目すべきは，有限会社 & Co. 指令の転換義務の履行として新設された商法典第264a条が，この第292a条との関連で重要な意味を持つという点である。これにより，約10万社といわれる有限合資会社（GmbH & Co. KG）等，一定の条件を満たす人的商事会社もまたその免責の適用範囲に含まれる可能性が生じることになった[24]。

したがって，KapCoRiLiGは，商法典にもとづく連結決算書の作成義務を負う企業の範囲を広げる一方で，同時に，従来の「取引所上場資本会社」の範囲を超えて，第292a条の免責措置を利用できる企業の範囲を拡大させるという，いわば二段構えの構造を有している。

なお，新第292a条にもとづく免責措置の利用可能性は，フロー・チャート（図表6-4）から明らかになる。

おわりに

本章で明らかにしたように，KapCoRiLiGには，従来の法律にはみられない立法動機が存在していた。すなわち，ドイツのEU法違反を連続して確認した欧州裁判所判決への速やかな対応である。これがKapCoRiLiGの重要な側面であり，欧州裁判所の判決がドイツ国内法の改正を促す一例を示すものになっている。この対応にもとづき，これまで公示義務の免除もしくは簡便化の恩恵を受けていた一定の企業に対して，開示規制のいっそうの強化が図られた[25]。

さらに，欧州裁判所判決への対応という側面とは別に，KapAEGによる免責条項（商法典第292a条）の適用範囲が，KapCoRiLiGにより拡張された事実を見逃すわけにはいかない。すなわち，KapCoRiLiGは，これまで「取引所上場資本会社」に限定されていた免責措置の利用範囲を，第292a条，第264a条，開示法第11条等の修正をつうじて，非上場の資本会社だけではなく，一定の人的商事会社にまで拡大する側面を有している。その場合，免責措置の利用範囲をめぐって，従来の「取引所上場」と「非上場」という線引きから，「規制

図表6-4　国際的な免責連結決算書の作成可能性

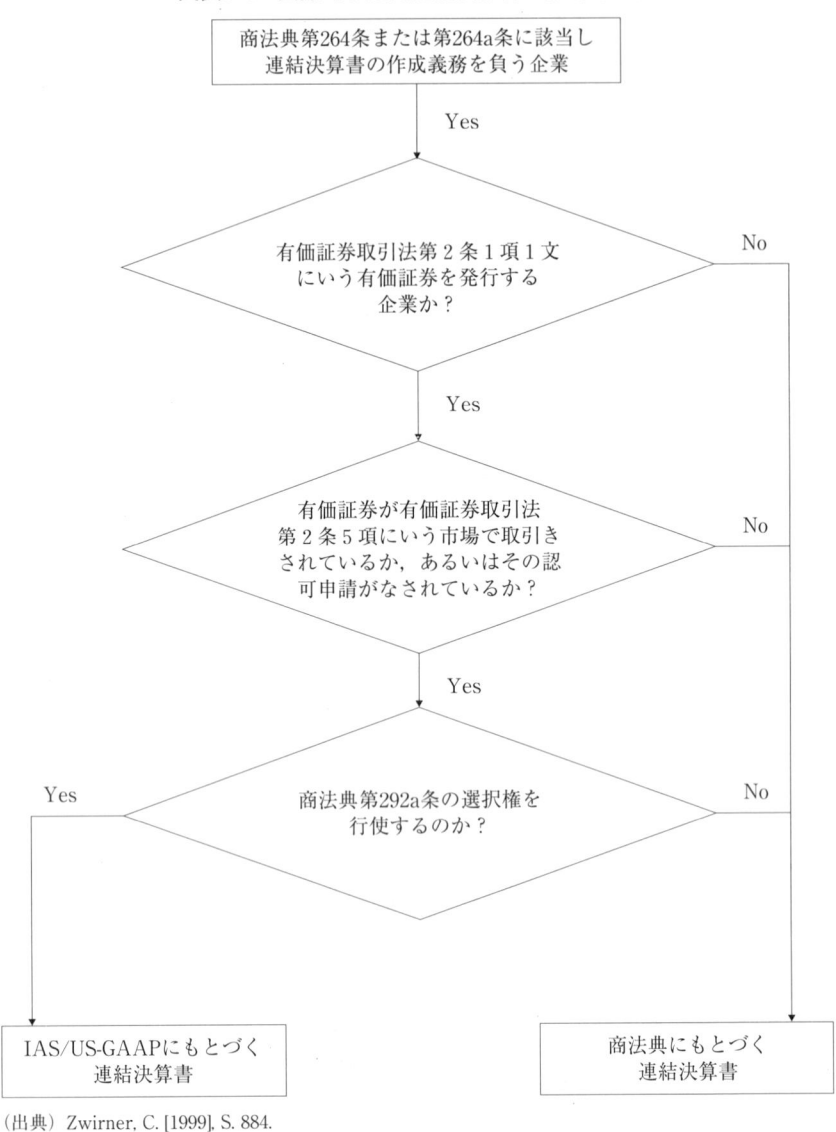

```
        ┌─────────────────────────────┐
        │ 商法典第264条または第264a条に該当し │
        │   連結決算書の作成義務を負う企業    │
        └─────────────────────────────┘
                        │ Yes
                        ▼
              ┌──────────────────┐
              │ 有価証券取引法第2条1項1文 │ ─── No ──→
              │   にいう有価証券を発行する │
              │        企業か？        │
              └──────────────────┘
                        │ Yes
                        ▼
              ┌──────────────────┐
              │ 有価証券が有価証券取引法 │
              │ 第2条5項にいう市場で取引き │ ─── No ──→
              │ されているか，あるいはその認 │
              │  可申請がなされているか？  │
              └──────────────────┘
                        │ Yes
                        ▼
     ┌── Yes ──┤ 商法典第292a条の選択権を ├── No ──┐
     │         │       行使するのか？        │        │
     │         └──────────────────┘        │
     ▼                                              ▼
┌──────────────┐                          ┌──────────────┐
│ IAS/US-GAAPにもとづく │                  │  商法典にもとづく  │
│    連結決算書     │                          │    連結決算書     │
└──────────────┘                          └──────────────┘
```

（出典）Zwirner, C. [1999], S. 884.

市場の利用」をメルクマールにした会計規制の差別化戦略へと，一部変化がみられる点は重要である。

【注】
1)，2) KapCoRiLiG［1999d］, S. 1.
3) 法務委員会報告では，次のように表現されている。「国際的に認められた会計原則にもとづく連結決算書の公示を，一定の条件のもとで，ドイツの取引所上場企業に認める商法典第292a条の適用範囲の拡張の必要が生じた。」(*Ebenda*, S. 1-2.)
4) KapCoRiLiGの法制化に際しての主な立法経過（資料）は，次のとおりである。
　①法務省案（1999年3月30日）
　②法務省による公聴会討議案（1999年5月10日）および通達（1999年5月14日）
　③政府法案（458/99: 1999年8月13日）
　④修正政府法案（14/1806: 1999年10月15日）
　⑤連邦議会法務委員会（第6委員会）の決議勧告および報告（14/2353: 1999年12月14日）
　⑥官報公表（公表日: 2000年3月8日）
5) KapCoRiLiG［1999c］, S. 1-2.
6) KapCoRiLiGは，次の10条からなる条項法である。
　第1条　商法典の修正
　第2条　一定の企業およびコンツェルンの会計に関する法律の修正
　第3条　株式法の修正
　第4条　任意裁判権の要件に関する法律の修正
　第5条　商法典施行法の修正
　第6条　経済監査士規則の修正
　第7条　費用法の修正
　第8条　保険契約法施行法の修正
　第9条　その他の法律の修正
　第10条　施行
7) KapCoRiLiG［1999c］, S. 20-21.
8) *Ebenda*, S. 24.
9) *Ebenda*, S. 26. なお，政府法案（458/99）によれば，EC指令による資本会社 & Co. の定義は，商法典第125a条，第130a条，第177a条のそれよりも狭いという。したがって，法体系上の理由から，新第264a条の適用範囲が，有限会社 & Co. 指令の適用領域以上に拡大される。
10) Ernst, C.［1999］, S. 903. 有限合資会社は，合資会社の形態の1つである。その特徴は，合資会社の無限責任社員に有限会社が配置されるため，実質的に有限責任化している点にある。
11) KapCoRiLiG［2000］, S. 154.
12) KapCoRiLiG［1999c］, S. 21-22.

13) その後，通貨統合に伴い，商法典が定める限界値は，マルクではなくユーロに換算された数値に改訂された。さらに，EC第4号指令が定める企業規模に関する限界値に関しては，そのおよそ16.8%のさらなる引き上げが決定している（Europäische Union [2003a], S. 22-23.）。したがって，ドイツ国内法上も今後，それにみあう限界値の上方修正が行われる見通しである。
14) KapCoRiLiG [1999c], S. 21-22.
15) KapCoRiLiG [1999c], S. 22.
16) KapCoRiLiG [2000], S. 156. なお，この確定条文と法務省の討議案の間に実質的な相違はみられない（BMJ [1999a], S. 1.）。
17) KapCoRiLiG [1999c], S. 44.
18) BMJ [1999b], S. 707.
19) KapCoRiLiG [2000], S. 158.
20) KapCoRiLiG [1999c], S. 54.
21) KapCoRiLiG [2000], S. 155.
22) *Ebenda*, S. 156.
23) なお，IAS/US-GAAPにもとづく免責連結決算書の利用を望む企業は，規制市場を利用する企業の範囲にはとどまらない。

　　この点に関し，法務省に提出されたDr. Otto Schmidt有限会社の請願書（Eingabe）の内容は興味深い。それによれば，「国際会計が大きな意味を有する時代に，規制市場を利用できる企業とは対照的に，連結レベル（個別決算書ではない）において，こうした柔軟な免責の選択権を利用できない状況は，中規模企業にとって競争上，著しい不利である。（中略）市場が望むIAS世界決算書（IAS-Weltabschluss）に加えて，追加的にもう1つの商法典連結決算書の作成義務を負うならば，中規模企業に重大な追加的な負担が生じる。したがって，KapCoRiLiG法案（1999年3月時点）の理由書における説明には納得できない。そこでは，次のように述べられている『現行の理解では，それに見合う投資家の期待は存在せず，したがって，国内法の適用を免除する正当な理由は存在しない』，と。中規模企業が競争上およびコスト面から不利になるという点は，私見では，規制市場を利用できない中規模企業に対してもIASもしくはUS-GAAPにもとづく免責連結決算書の選択権を保証するための正当な理由になる。法務省には，ドイツの中規模企業の立場をもう一度考慮していただきたい」（Dr. Otto Schmidt [1999], S. 771.）。

　　このように規制市場を利用しない中規模ドイツ企業のなかにも，第292a条による免責連結決算書のニーズが存在することは留意しておく必要がある。
24) Zwirner, C. [1999], S. 883.
25) KapCoRiLiGは，その法制化の最終局面において，法務委員会報告により，次の3つの修正が加えられた（KapCoRiLiG [1999d], S. 35.）。
　①商法典第267条にいう小規模，中規模，大規模会社の年度決算書および連結決算書の公示期限が，従来の9ヶ月から12ヶ月に延長される。
　②年度決算書および連結決算書の公示義務違反に対して，最低2,500ユーロの過料が課される。
　③資本会社 ＆ Co. に対して適用される新会計規定は1998年12月31日ではなく，1999

年12月31日の後に始まる営業年度から適用される。したがって，当初予定の適用開始年度が一年遅らされる。

第7章 透明化・開示法の法制化にみる
ドイツの会計国際化対応

はじめに

　ドイツでは，1990年代の後半から2000年にかけて，商法の改正を中心にした制度改革が進められてきた。その間，KapAEG（1998年），KonTraG（1998年），KapCoRiLiG（2000年）という3つの法律が相次いで制定されたことは，これまで明らかにしたとおりである。さらに，こうした動きに追随して，また新たな取り組みが加わった。

　まず，2000年に，フランクフルト大学教授のバウムス（Baums, T.）を委員長とする「コーポレート・ガバナンス，企業経営，企業統制，株式法の現代化のための政府委員会（以下，政府委員会と表記する）」が設置された。この政府委員会により，ドイツのコーポレート・ガバナンス（企業統治）改革の視点から，それに必要な会計関連法規の改正が提案されることになった。

　そして，2002年7月19日付で，「透明性および開示に関する，株式法および会計法のさらなる改革のための法律：透明化・開示法（TransPuG）」が制定された。この法律は，上記政府委員会の最終報告書（以下，「報告書」と表記する）を立法に反映させ，同時に，DRSCが作成した「会計の国際化に関する法律案」に依拠して，連結会計法制のいっそうの整備を図るものである。したがって，TransPuGは，ドイツの会計制度改革に関連する第4の法基盤とみなすことができる。なお，ここでのDRSCの活動は，法務省への助言任務（商法典第342条1項2号）に該当する。

　本章は，TransPuGの法制化に焦点づけた分析を試みるものである。その際，

TransPuGの形成に重要な影響を及ぼした政府委員会の「報告書」、ならびにDRSCの活動についても言及する。

第1節　コーポレート・ガバナンス政府委員会の設立経緯

　政府委員会は，2000年5月29日付の書簡をもって，シュレーダー首相により設置が求められた。当該書簡においては，政府委員会の任務に関して次のように述べられている。政府委員会は，ホルツマン事件での認識にもとづき，ドイツの企業経営・統制制度の欠陥に取り組まなければならない。さらに，資本市場のグローバル化・国際化がもたらすドイツの企業構造および市場構造の変化に鑑み，ドイツ法の現代化のための提案を行わなければならない[1]。

　また，2000年6月の首相官房のコミュニケにおいては，コーポレート・ガバナンス改革推進の態度表明として，次のように宣言されている。連邦政府は，これをステップにドイツの金融基盤を強固にし，ドイツ企業の競争力を一段と高め，そしてまた市場の国際化ならびに情報通信技術の急速な発展の好機を利用するつもりである。コーポレート・ガバナンスをめぐるシステム間競争において，ドイツの企業経営・統制システムが指導的な役割を果たせるよう，その強度を高めると同時に，欠陥を取り除く必要がある[2]。したがって，本プロジェクトの目的は，規制の撤廃ではなく，その調整にある。それはまさしく，国家秩序と自主規制手段の関係の再構築にほかならない。政府委員会の任務は，ドイツのコーポレート・ガバナンス制度を急速な経済の変化および科学技術の変化に適合させ得る，具体的な勧告を作成することである。その場合，政府委員会は，資本市場の要請に応えることのみならず，企業に関与する利害関係者（ステーク・ホルダー）全体の利益を視野に入れている[3]。

　このように，国内の大手建設会社（ホルツマン社）の倒産劇を機に高まった，ドイツの現行の制度的枠組みに対する批判を受けて，政府委員会の設立を起点に改革が試みられることになった。そこでの目的は，関連諸法規の改革をつうじて，コーポレート・ガバナンスの再整備，ならびに国際資本市場に向けたド

イツの市場および企業の構造改革を誘導する点にあった。

第2節　「報告書」にみる政府委員会の勧告

1　「報告書」の基本方針

　政府委員会は，その後，2001年7月10日付で最終的な「報告書」をまとめ，ベルリンの首相官房に提出した。

　「報告書」は，内容的に，
　　第1章　法規制およびコーポレート・ガバナンス規準
　　第2章　経営組織
　　第3章　株主および出資者
　　第4章　企業金融
　　第5章　情報通信技術および開示
　　第6章　会計および監査

の6つの章から構成され，加えて，意見聴取のために関係部局に提示した「質問表」が付されている。とくに，本章で取り上げる「第6章　会計および監査」の項では，その総論部分に当たる「1．全般」の部分において，次のような基本方針が示されている。「政府委員会が詳細に検討した決算書監査もまた，実定法が定める枠内でのみ機能している。したがって，決算書監査の意義およびその質は実定法の内容に大きく依存する。こうした点にもかかわらず，政府委員会は当初から会計の実定法に関して詳細に調査し，批判することを断念せざるをえなかった。それは第1に，必要かつ望ましい実定法の改訂に関しては，別の場所で繰り返し討議されているからである。すなわち，これは個別決算書に対する会計規準の開発および形成の問題にもかかわる事柄である。第2に，具体的な勧告の開発のためには，とりわけ税務会計法に対する影響が考慮されるべきであろう」[4]，と。

　このように，ドイツにおいては，会計関連法規（実定法）が定める枠内で会計および監査が機能している点が指摘される。また，利益配当や税務の側面に

も大きな影響を及ぼす個別決算書レベルの改革は，意識的に今回の勧告の対象から外された点に留意しておく必要がある。

2 国際基準に準拠した連結決算書に関する提案

基本方針を示した総論部分に続いて，「報告書」では個別の論点につき提言が行われる。まず「2．連結決算書の国際的な比較可能性」では，政府委員会により次のように勧告される。

「政府委員会は，2005年から連結決算書に統一的な国際的会計基準の導入を目指すEU委員会に対して，連邦政府が支援するよう勧告する。その場合，IASとUS-GAAPとの調和化に取り組むIASBの努力が優先されるべきである。」[5]

この勧告は，域内でのIAS導入を図るEUの動きと，IASとUS-GAAPとの調整をめぐるIASBの活動をドイツのサイドから支持していく趣旨のものである。政府委員会によると，それは次の理由による。すなわち，情報力があり，かつ国際的な統一基準により作成された連結決算書は，企業のみならず，資本市場にとっても有益である。EU委員会は，国際的会計基準の適用に対する提案を行った。それは，EUの上場企業が，2005年から連結決算書を国際的な統一基準，すなわちIASにもとづき作成かつ公示することを求めるものである。IASの適用を非上場企業，そしてまた個別決算書に対しても要求することは，加盟国の任意である。(2005年までの）過渡期にIASの適用を可能にすること，または強制することも加盟国の任意である。US-GAAPの適用も可能である。US-GAAPによる決算を要求するアメリカの証券取引所に，ドイツ企業が上場している状況に鑑み，IASとUS-GAAPとの調和は，二重の会計義務によるコスト面，もしくは資本調達の際の不利益を回避するため，2005年以降のためにとくに緊急であると思われる[6]。

3 現行の免責条項（商法典第292a条）に関する提案

続いて「3．免責連結決算書」の部分では，現行の免責条項（商法典第292a条）に関して，次のように述べられている。第292a条による作成義務の免責は，現在，親企業もしくはその子企業により発行された有価証券をつうじて規制市場（有価証券取引法第2条5項）を利用するコンツェルンの親企業に限定されている。この免責措置は重要であり，また不可欠である。なぜなら，外国の取引所，さらには国内市場での出資者もまた，ドイツのコンツェルンにより発行された有価証券をめぐって，発行体に関する，国際的統一基準により評価された情報を期待するからである。ただし，すでに取引所で扱われている有価証券を発行する企業だけに免責の利用を限定すれば，取引所への上場を計画しその準備を進める小規模会社が，商法典と国際基準の両方にもとづく二重の連結会計の負担を強いられることになる。こうした点を考えれば，商法典第292a条における差別化は，政府委員会にはもはや現実的でないように思われる[7]。

さらに，資本市場の利用を望まない企業（非資本市場指向的企業）の場合についても，政府委員会は次のように主張する。銀行の自己資本比率規制（バーゼルⅡ）に鑑み，信用機関の場合，商法典にもとづく会計処理が要求される場合であっても，将来的に，中規模企業にもIASへの準拠が必要となるかもしれない。こうした背景のもとで，IASを事実上強制される非資本市場指向的企業にも，商法典にもとづく会計との並行決算を免除することが妥当かもしれない[8]，と。

そこで，資本市場指向的企業だけではなく，非資本市場指向的企業にまでIAS利用の範囲を広げる旨の勧告が，政府委員会により行われる。すなわち，次のような内容である。

「政府委員会は，2005年1月1日より以前に，連結決算書作成義務を有するすべての企業に対してIASへの準拠を可能にするオプションを与えるという意味で，すべての資本市場指向的企業ならびに非資本市場指向的企業に対して，国際的会計基準の適用に関するEU命令の時期を早めて実施するよう，

連邦政府に対して勧告する。」[9]

4 中間報告書の導入に関する提案

「報告書」の「4．中間報告書」においては，中間報告書の導入（法的義務）に関して次のように述べられている。

(1) 作成義務

まず，中間報告書の作成義務に関して，

「政府委員会は次のように勧告する。取引所上場企業（株式法第3条2項）は中間決算書を作成する法的義務を負う。連結決算書の作成義務を有する企業は，連結ベースによる中間報告書を作成すべきであろう。連結中間決算書に組入れられる子企業については，その作成義務が免除されるべきである。」[10]

このように政府委員会により，取引所上場企業に対して，連結ベースの中間報告書の作成を法的に義務づけることが勧告されている。「報告書」によれば，「取引所上場企業には，IAS第34号にもとづく中間報告書が推奨される。アメリカの取引所上場企業は，SEC規定に従い，四半期報告書を提出しなければならない。ドイツ法によると，取引所法第44b条にもとづき，公式市場で認可される株式，もしくはそれに代替する証券の発行体は，少なくとも営業年度の上半期に対する中間報告書を公表する義務を負う。取引所法第72条3項にもとづき，中間報告書の提出を義務づける取引所規則を，規制市場の一部に対して定めることは可能である。DAX，SMAXおよびノイア・マルクトでは，これを前提に，四半期報告書を公表する義務が存在する。中間報告書の内容は，2001年2月13日付で官報に公示されたDRS第6号により定められている。したがって，国際慣行との対比において，ドイツの資本市場指向的企業のために，中間決算書の作成要件を調和化させる必要がある。（中略）その限り，政府委員会は，将来的に，株式法第3条2項の意味でのすべての取引所上場企業に対

して，中間報告書の作成を義務づけることに賛同する」[11]，と。

（1）具体的内容

また中間報告書の具体的な作成・公表回数に関して，

「政府委員会は，営業年度の当初の3四半期に対して四半期報告書を定めるよう勧告する。四半期報告書の内容に関する法規は枠組みを定めることにとどめ，その中身は，相当する会計基準が埋めるべきであろう。」[12]

と勧告され，四半期報告書の導入が提案される。政府委員会によれば，取引所上場企業に対する四半期報告書作成の法的義務は，営業年度の当初の3四半期に対して適用されるべきである。最後の四半期に対する中間報告書には，年度決算書ないし連結決算書が代用される。四半期報告書の内容に関する詳細な法規は，DRSCがすでに四半期報告書の要件を公表しているため，その限り不要であろう[13]，と。

ここでは，すでにIASを範に基準を作成しているDRSCとの連携が前提とされている。換言すれば，DRSCの活動（四半期報告書に関する会計基準の策定）に依拠することが了解事項になっているともいえよう。

なお，公表形態に関しても，

「政府委員会は，中間報告書が将来的に電子形態で伝達かつ公表されること，ならびにそのデータが集中管理のもとに即座に検索可能になることに賛同する。」[14]

と勧告し，電子媒体による中間報告書の将来的な開示のあり方について言及している。

5 セグメント報告書およびキャッシュ・フロー計算書に関する提案

商法典第297条1項2文は，取引所上場企業に対して，キャッシュ・フロー計算書およびセグメント報告書を追加して，連結附属説明書を拡張すべきことを要求している。この点に関して，「報告書」の「5．セグメント報告書，キャッシュ・フロー計算書」では，次のように勧告される。

「政府委員会は，商法典第297条1項2文を，新版の商法典第292a条1項1文の意味での資本市場指向的親企業にまで拡張することを勧告する。」[15]

このように，政府委員会によれば，取引所上場企業に限定していた商法典第297条1項2文の適用範囲を，資本市場指向的企業にまで拡張することが提案される。「報告書」によれば，資本市場にとり，キャッシュ・フロー計算書はセグメント報告書と並ぶ重要な分析用具である。規制に伴う負担はわずかであろう。というのは，これらの報告書類は，すでに企業により作成されているからである[16]。

6 エンフォースメントに関する提案

最後に，「報告書」の「9．正規の会計の実施（エンフォースメント）」においては，次のような勧告が行われている。

「政府委員会は，イギリスの財務報告調査パネル（FRRP）をモデルに，私経済的に組織された厳格な機関を設立するよう勧告する。当該機関は，自身が開発した手続規則により，該当企業と協調して重大な会計規定違反の疑いを調査し，拒絶の場合には，株式法第256条，第257条にもとづき訴えを起こすことができる。」[17]

この提案に関し，「報告書」により次のように説明されている。最近のいくつもの企業危機の後，ドイツの現行のエンフォースメント・メカニズムが不十

分であると批判され，アメリカモデル（SEC）もしくはイギリスモデル（FRRP）による補完が求められた。EU委員会もまた，2000年6月13日付の「EUの会計戦略：将来計画」において，欧州の資本市場を機能させるための効果的なエンフォースメント・システムが不可欠であることを確認した。これにより，加盟国が十分なエンフォースメント・システムを設ける義務を負うことが予想される。政府委員会に寄せられた多くの意見書もまた，エンフォースメントの改善に対して賛同の意を表している。このために設けられるべき機関は，主としてイギリスのFRRPをモデルにしたものである。(中略) 詳細な協議の結果，政府委員会は，国家的なSECモデルにならった機関の設立に対して異議を唱える。イギリスをモデルにした，私経済的に組織された厳格な機関が優先されるべきであろう[18]。

7 「報告書」に対するDRSCの見解

ところで，政府委員会は「報告書」に関連する「質問表」を作成し，それに対する意見聴取をつうじて，ドイツ国内に限らず広く関係諸団体との連携を図った。とくにDRSCには，ドイツの基準設定主体という立場から専門意見の提示が要請された。これを受けて，DRSCの主要機関であるDSRは，2000年9月21日付で会計領域に限定した「意見書」を提出した。

DSRの「意見書」によれば，まず，会計規定面のさらなる改正に関して，ドイツの会計法は，EC指令との一致を前提に，基本的には主たる枠組みだけを定めるよう提案される。つまり，その具体的中身は，DRSCによる勧告（DRS）が埋めていく方向が良いとする，今後の会計規制のあり方についての提案である[19]。

また，エンフォースメント機関の設置提案に関して，DSRは次のような見解を表明している。すなわち，「『エンフォースメント・システム』により，可決・公表済みの会計基準を含む会計原則の遵守が保証され得るかどうか，その検討が必要である。この点に関し，イギリスのFRRPをモデルにした，私法上組織され，かつ民間資金による規制機関を計画することが可能であろう。当

該機関は，年度決算書の欠陥が指摘される，もしくは年度決算書の正規性に関して公に疑問が呈される場合に活動する」[20]，と。これからわかるとおり，このエンフォースメント機関の新設に対するDSRの見解は，「報告書」における提案内容と実質的に同じである。

第3節　TransPuGの特徴

　2002年に制定されたTransPuGの特徴は，その法制化の当初の局面，すなわち2001年11月26日付の法務省案から読み取ることができる。とくにその理由書から，立法目的，ならびに政府委員会およびDRSCの活動との関連性が明確になる。

1　政府委員会の「報告書」との関連性

　TransPuGの立法目的は，理由書の「全般部分」から判明する。すなわち，「本法案は，政府委員会の提案を立法化するための第1段階である。」[21] また「本法案は，政府委員会の提案の多くを採用するものである。もっとも，会期の終了が間近に迫っているため，勧告の完全な実現はもはや不可能であった。」[22]

　このように，TransPuGは，政府委員会の勧告を具体化するための立法措置という側面を有している。もっとも，時間的な制約のため，TransPuGをもって政府委員会による勧告のすべてが実現されたわけではない。とくに会計領域に限れば，勧告の実現は総じて先送りされた感もある。

　ただし，理由書において，さらなる立法作業が予告されている点に注目しなければならない。すなわち，「連邦内閣は，政府委員会の報告書を全体として承認した。したがって，連邦政府は次の会期中に，残りの勧告を実現するためのさらなる立法提案を行う予定である」[23] と。しかも，会計および監査に対する「政府委員会の勧告は，次の会期中に行われる，ドイツ規定を国際基準およびEU規定に適合させるための会計法改革のなかで実現可能である」[24] と宣言されていることも重要である。

2 DRSCによる「会計の国際化に関する法律案」との関連性

TransPuGのもう1つの重要な側面は，DRSCとの連携のもとで，連結決算書に関する商法規定の改正が盛り込まれたことである。DRSC（具体案の作成はDSRが担当）は，「法務省への助言任務」（商法典第342条1項2号）にもとづき，2001年7月6日付で「会計の国際化に関する法律案」と称する文書[25]を法務省に提出した。

TransPuG法務省案の理由書によれば，「本法案は，連結会計法の個別規定を現代化する内容を含んでいる。1998年の商法典第292a条を機に，連邦議会の法務委員会は，連邦政府に対して国際基準への適合を目的とした連結会計法の改正案を作成するよう求めた。これは法律上の期限たる2004年末までに実施されなければならない。当該改正案は現状では，次の会期中に提出可能である。その場合，現在一部はEUの議会および理事会で処理され，一部はEU委員会が準備している欧州の会計法改革ための措置が考慮されなければならない。とはいえ，いくつかの領域において，ドイツの連結会計法を国際基準により近づけるための個別の修正は，現時点でも可能であろう。DRSCはこれに関して，2001年の夏に一連の提案（「会計の国際化に関する法律案」を指す－著者）を行った。この提案は，意見表明のために法務省から各界に送付された。意見表明の内容を判断の上，現時点では，ともかく商法典第290条，第291条，第296条～第299条，第301条，第304条，第308条，第313条，第314条の修正が必要であろう。」[26]

このように，TransPuGにおいては，ドイツの連結会計規定そのものの改正が目指されることになった。商法典第292a条による免責は，IAS/US-GAAPに準拠した連結決算書を，特例的にドイツ商法上認めた措置である。これに対し，TransPuGは，部分的な改正にとどまるとはいえ，商法典連結会計規定の個別の修正に踏み込んでいる。これは，先行の法律にはみられない特徴である。しかも，修正内容は大部分，DRSCにより作成された法律案，すなわち「会計の国際化に関する法律案」に依拠している[27]という点が注目される。

3 TransPuGによる改正点

　TransPuGは，法務省案の後，2002年5月17日に連邦議会で決議され，6月21日の連邦参議院による承認を経て，7月25日に官報に掲載される経緯を辿った（施行は翌日の7月26日）[28]。TransPuGの制定をつうじて，連結会計規定に関し修正が施されたのは，次にみる8項目である。その場合，EC第7号指令の枠組みの遵守のもと，加盟国選択権の新たな行使をつうじて商法典の個別規定が修正された[29]。以下，必要な範囲で整理しておこう[30]。

（1）部分連結決算書に対する免責措置の制限

　従来，親企業が，同時にEU構成国に所在する親企業の子企業である場合，一定の条件のもとで，部分連結決算書の作成義務が免除されてきた。しかし新第291条3項により，当該企業に対し，部分コンツェルンの親企業が公式市場に上場している限り，部分連結決算書の免責はもはや認められないことになった。

（2）連結決算書の内容の拡充

　KonTraGによる改正以降，取引所上場企業の連結附属説明書のなかに，キャッシュ・フロー計算書およびセグメント報告書を追加することが要求されていた。TransPuGによる新第297条1項2文は，公式市場，規制市場等に上場，もしくはそこでの取引の認可申請を行う企業に対して，連結決算書の構成要素として，キャッシュ・フロー計算書，セグメント報告書そして自己資本明細表の作成を要求する。

（3）連結決算書基準日の指定

　これまで，親企業は連結決算書を，個別決算書の基準日と異なり作成することが可能であった。これに対して，TransPuGによる新第299条1項は，連結決算書を，親企業の個別決算書の基準日で作成することを義務づけている。

（4）取得原価制限の廃止

資本連結（初回連結）に関し，第301条1項4文は，評価替法の適用に際して，自己資本持分相当額が連結決算書に組入れられる企業の持分に対する親企業の取得原価を超えないことを要求していた。こうした取得原価の制限は，TransPuGによる新規定をつうじて廃止される。

（5）内部利益消去の特例の廃止

商法典第304条2項においては，連結決算書に組入れられる企業間の取引に関し，それが通常の市場条件で行われ，かつ内部利益の算定が過度の負担となる場合，内部利益の消去を放棄することが認められていた。この特例は，TransPuGをつうじて廃止される。

（6）連結決算書における逆基準性の排除

TransPuGにより，第308条3項が削除される（同時に第298条1項が修正される）。その結果，税法が認める計上価額を連結決算書に引き継ぐ，いわゆる逆基準性にもとづく処理はもはや不可能となる。

（7）保護条項の制限

第313条3項1文により，連結範囲や持分の所有比率の記載等で著しい不利益を招くことが，理性的な商人の判断に従って予想される限り，それを記載しないことが認められていた。今回の改正により，この保護条項は資本市場指向的企業に適用されないこととされた。

（8）連結附属説明書における記載

第314条2項は，活動領域ならびに地理的に区分された市場にもとづく売上収入の分類に関し，その記載により著しい不利益が生じると予想される場合，当該記載を見合わせることが可能なことを規定していた。今回，第314条の改正をつうじて，連結附属説明書に関する当該選択権は廃止される。

おわりに

以上，ドイツにおいては，2002年のTransPuGの制定により，コーポレート・ガバナンス（企業統治）改革の観点から，それに不可分の会計制度改革が進められたことが明らかになった。と同時に，その過程で，TransPuGと政府委員会の「報告書」，ならびにDRSCの活動（「意見書」の提出および「会計の国際化に関する法律案」の作成）との関係が浮き彫りになった（**図表7-1**）。

最後に，本章の分析から抽出できた論点は，次のようにまとめることができよう。

第1に，ドイツにおいては，コーポレート・ガバナンス改革を進めるにあたって，政府委員会による「報告書」を起点に，その勧告に沿う形で関連諸法規の改正が誘導された。その場合，個別決算書レベルの改革は「報告書」の対象外とされ，ドイツ会計制度の根幹に及ぶ改編は，意識的に回避されている。その限り，個別決算書と連結決算書を峻別する，国際化に向けたドイツの二元的なアプローチは，TransPuGにおいても依然として保持されている[31]。

第2に，政府委員会の「報告書」により，エンフォースメント機関の設立が提案されている。これは，ドイツの会計制度面ではとくに目新しい提案である。その場合，エンフォースメント機関設立のモデルとして，アメリカのSEC型で

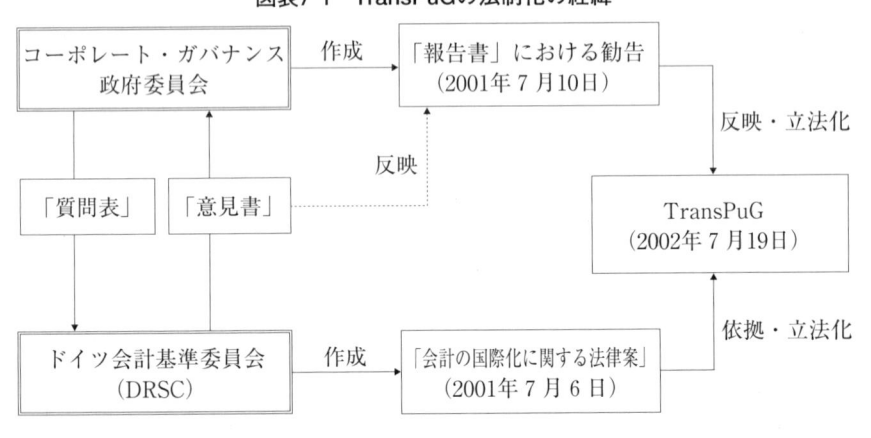

図表7-1 TransPuGの法制化の経緯

```
┌──────────────┐  作成  ┌──────────────┐
│コーポレート・ガバナンス│─────→│「報告書」における勧告│────┐
│   政府委員会     │      │ （2001年7月10日）  │    │
└──────────────┘      └──────────────┘    │反映・立法化
       ↑                      ↑             │
       │                    反映            ↓
┌─────┐ ┌─────┐          ┊          ┌──────────┐
│「質問表」│ │「意見書」│          ┊          │  TransPuG   │
└─────┘ └─────┘          ┊          │（2002年7月19日）│
       ↑                                  └──────────┘
                                               ↑
┌──────────────┐  作成  ┌──────────────┐    │依拠・立法化
│ドイツ会計基準委員会  │─────→│「会計の国際化に関する法律案」│───┘
│   （DRSC）      │      │ （2001年7月6日）  │
└──────────────┘      └──────────────┘
```

はなくて，イギリスのFRRP型が想定されている点は注目に値する[32]。

第3に，TransPuGの重要な特徴は，一方で，政府委員会の「報告書」の勧告を受けて，他方で，DRSCが作成した「会計の国際化に関する法律案」に依拠して，ドイツの連結会計法制の整備を目指した点である。すなわち，TransPuGの法制化の場面では，政府委員会の「報告書」が起点になると同時に，DRSCがとくに連結会計制度改革の詳細なスケッチを描くという，会計立法レベルでのいわば規制緩和（DRSCを介した役割分担）が遂行されたといえる。こうした法務省とDRSCとの共同作業の事実は，これまでの制度改革にはなかった新たな側面である。

第4に，TransPuGは，「国際的に認められた会計原則」への対応という意味で，先行の3つの法律（KapAEG, KonTraG, KapCoRiLiG）に続く第4の法基盤として位置づけられる。ただし，TransPuGには従来の法律の域を一歩出た側面がある。それは，商法典連結会計規定そのものの修正に踏み込んだ点である。その意味で，TransPuGは，2004年末に到来する免責条項（商法典第292a条）の失効期限，換言すれば2005年以降を目指した，いっそうの制度改革を予告する，いわゆる「シグナル効果」[33]の意味を有している。

【注】
1), 2), 3) Baums, T. [2001], S. 1.
4) *Ebenda*, S. 281.
5) *Ebenda*, S. 282.
6) *Ebenda*, S. 281-282.
7) *Ebenda*, S. 282-283.
8) *Ebenda*, S. 283.
9) *Ebenda*, S. 283-284.
10) *Ebenda*, S. 285.
11) *Ebenda* S. 284-285.
12), 13), 14) *Ebenda*, S. 286.
15), 16) *Ebenda*, S. 287.
17) *Ebenda*, S. 292.
18) *Ebenda*, S. 290. なお，「報告書」によると，調査の対象となるのは，資本市場指向的企業の年度決算書および状況報告書，もしくは連結決算書および連結状況報告書であ

り，当該機関は常時活動するのではなくて，提訴等により会計規定に対する違反の疑いが生じた場合に活動を開始する。

19) DRSC [2000b], S. 2.
20) *Ebenda*, S. 5.
21), 22) TransPuG [2001], S. 16. なお，法務省案によれば，2001年7月の「報告書」は，ドイツの立法者に対する勧告と，「コーポレート・ガバナンス規準政府委員会」に対する勧告とに区分される。これにもとづき，2001年9月にクローメ博士（Cromme, G.）を長とする「コーポレート・ガバナンス規準政府委員会」が創設され，当委員会による規準（コード）の策定が進められることになった。なお，ドイツにおけるコーポレート・ガバナンス改革に関する最新の研究として，正井章筰 [2003] がある。
23), 24) *Ebenda*, S. 19.
25) DRSC [2001]
26) TransPuG [2001], S. 18-19.
27) *Ebenda*, S. 59. たとえば，商法典第297条1項に関する修正の部分を参照。
28) TransPuGの法制化に際しての主な立法経過（資料）は，次のとおりである。
①法務省案（2001年11月26日）
②政府法案（14/8769：2002年2月6日）
③連邦議会法務委員会（第6委員会）の決議勧告および報告（14/9079：2002年5月15日）
④官報公表（公表日：2002年7月25日）
また，TransPuGは，先行の3つの法律と同じく，次の5条からなる条項法である。
第1条　株式法の修正
第2条　商法典の修正
第3条　その他の連邦法の修正
第4条　特許法，実用新案法，商標法，特許費用法，半導体保護法，意匠法の修正
第5条　施行
29) DRSCによる「会計の国際化に関する法律案」においては，ドイツの連結会計規定の修正に関して，次のような基本姿勢が述べられている。

現行の商法典は，国際慣行へのドイツ会計の接近を阻害，もしくは不可能にする一連の個別規定を有している。これら個別規定が，EC第7号指令に多く含まれる加盟国選択権にもとづく限り，当該選択権は，いつでも加盟国ごとに，指令により認められた範囲で新たに行使することができる。

EC第7号指令の商法典への変換は，修正を，ドイツ企業にとり可能な限り小さいものにとどめるという基本思考によっていた。そのため，加盟国選択権は，新商法規定がそれまでに有効であった株式法の規定および正規の簿記の諸原則（GoB）と可能な限り等しい，もしくは少なくともそれらに可能な限り近づくよう行使された。この間に生じた展開により，いまや重要なのは，商法会計と国際会計との乖離を可能な限り小さいものにとどめることである。このような意味において，加盟国選択権を新たに行使すべきであろう。

本提案は，加盟国選択権の行使が，迅速に，そして大きな障害もなく可能であることを前提としている。本提案は，意識的に連結決算書に対するものに限定しており，

そのため，連結決算書規定の内容を個別決算書規定にまで指示することは考慮されていない。そのことにより，利益配当および税務上の利益決定に抵触することはない。

本法案でもって，連結会計規定を国際的展開に，とりわけ資本市場の情報要求にいっそう方向づけたうえで適合させるという目的が追求される。それにより，過大な資本コスト，そしてたとえば，国境を超えて活動するドイツ企業の有価証券相場の低下というデメリットが回避されなければならない。

商法規定の修正は，EC第7号指令と矛盾しない範囲でのみ実施される。EC指令と国際的会計基準とのコンフリクトの解消を目指した，EC第7号指令の改訂案が，EU委員会により公表された。現行のEC第7号指令の枠内での商法規定の速やかな修正が，いま，まさに求められている（DRSC［2001］, S. 6-7.）。

30) この改正点については，Schurbohm/Streckenbach［2002］, S. 846-853. が詳しい。
31) たとえば，上記の注29）で示したように，DRSCの「会計の国際化に関する法律案」のなかで，「本提案は，意識的に連結決算書に対するものに限定しており，そのため連結決算書規定の内容を個別決算書規定にまで指示することは考慮されていない。そのことにより，利益配当および税務上の利益決定に抵触することはない」と述べられていることから確認できる。
32) なお，DSRは，2001年12月3日〜4日の会議（於ベルリン）において，ドイツにおけるエンフォースメント機関（"Review Panel"）の設立およびその任務に関して議論を開始したと表明していた。

また，最近の動きとして，ワーキング・グループ「決算書監査およびコーポレート・ガバナンス」から，2003年7月31日付で最終報告書が提出された（Baetge/Lutter［2003］）。そこでは，エンフォースメント機関の設置が1つの焦点になっている。このワーキング・グループは，ミュンスター大学教授のベェトゲとボン大学教授のルター（Lutter, M.）を中心にして，2002年に組織化されていた。
33) Kirsch, H.-J.［2002］, S. 748.

第8章 ドイツの会計問題に対する欧州裁判所の決定権限

は じ め に

2005年以降，EU域内の資本市場に対しIAS導入が確定したことに伴い，ドイツでは，IASへの対応がいまや緊急の課題になっている。

こうしたIASへの対応問題が華やかさを増す一方，それに並行する形で進行しているもう1つの対EU問題がある。すなわち，国内の係争においてドイツ会計規準の欧州的側面に光が当たり，その解釈の権限を欧州裁判所が獲得する，いわゆる先決的判決（Vorabentscheidung；preliminary ruling）[1]問題である。Tomberger事件を発端に，1990年代半ばに突如浮上したこの問題は，まさに，ドイツ会計が国際化に接した場面を顕示するものとなっている。

本章では，まずこの先決的判決問題の端緒となった連邦通常裁判所（BGH）の付託決定の内容を確認する。次いで，先決的判決問題の焦点を，ドイツの論者の見解を検討することにより明らかにしたい。

第1節 先決的判決制度とBGHの付託決定

1 先決的判決制度の概要

ドイツにおける1985年12月19日付の会計指令法の制定は，EC指令の発布を受けてとられた措置である。これによりEC第4号指令，第7号指令および第8号指令という3つの会計関連指令が同時に国内法化され，その主要部分が商法典第三編に収容された。この限り，現行のドイツ会計規準はEC指令と対応

関係にある。

ここにいう先決的判決とは，欧州経済共同体条約第177条（現第234条）を根拠とし，加盟国の裁判所が係争問題を処理するにあたってEU法の解釈ないし効力が先決問題となった場合に，欧州裁判所にこの点の判断を求める制度である。つまり，その目的は，EU法と加盟国国内法との統一的な解釈を確保することである。

なお，こうした先決的判決制度を，ドイツ会計制度との関連で示せば**図表8-1**のようになるであろう。

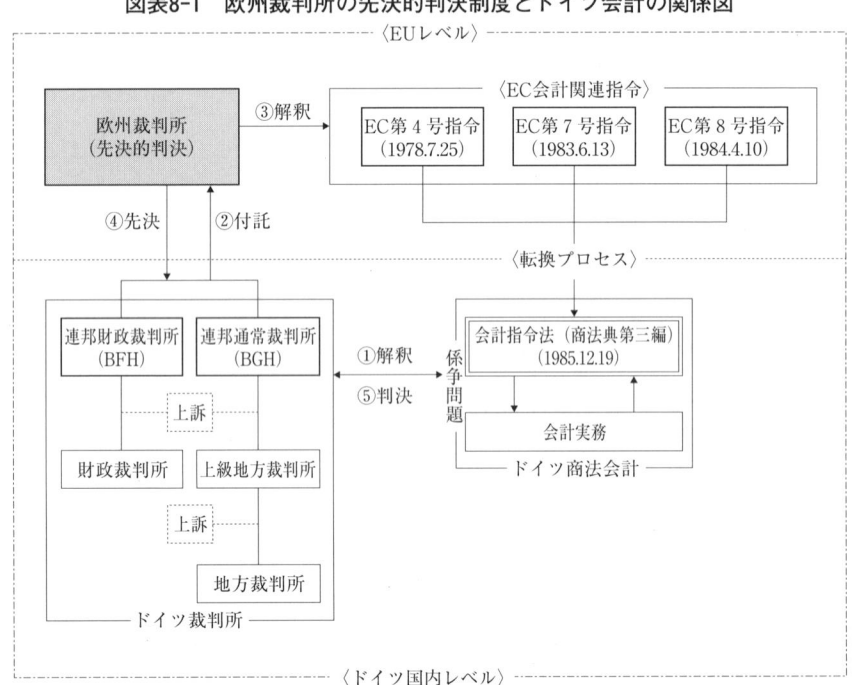

図表8-1 欧州裁判所の先決的判決制度とドイツ会計の関係図

2 BGHの付託決定

(1) 1975年の判例

ドイツにおける最初の先決的判決問題は，1994年7月21日付のBGHの付託決定が契機になっている。民事・刑事を扱うBGHは，その付託決定において，利益実現問題に関する見解を示す一方で，ドイツ法に転換されたEC指令の解釈が問題になるという理由から，この判断を欧州裁判所に求めた。これにより，ドイツ国内の会計問題がはじめて先決的判決の対象となった。具体的には，一定の条件のもとで，子会社に対する利益配当請求権を，親会社が同一営業年度の決算書に計上すべきか否かという問題である（以下，「利益配当請求権の同一時期の計上」と表記する）。

この種の会計問題を扱った過去の判例として，1975年11月3日付のBGH判決が存在する。そこでは，「利益配当請求権の同一時期の計上」が選択権により容認された。そして，この判例が，これまでの実務慣行の基礎となっていた。1975年の判決を確認すれば，それは次のようになっている。

「他の資本会社に多数資本参加しているコンツェルン企業，ないし持株会社は，子会社により獲得され，かつ配当に予定された利益を，同一営業年度の貸借対照表の『結合企業に対する債権』項目，および損益計算書の『資本参加による収益』項目に計上することが認められる。ただし，それは，親会社の決算書監査終了以前に，子会社の年度決算書が確定し，かつそれにみあう利益処分案が存在することが要件である。」[2]

このように，1975年のBGH判決は，多数資本参加，親会社の監査終了以前の配当決議を前提に，親会社に「利益配当請求権の同一時期の計上」を容認するものであった。もともと，この会計処理は，ドイツにおいて実務上の争点とされており，また理論的にみて，「経済的観察法と法的観察法との衝突」[3]の問題として論争があった。したがって，このBGH判決に対しては，「経済的観察法への大胆な踏み込み」[4]を行ったものという評価があった。

（2）係争の概要

 Tomberger事件は，手続き上，ケルン地方裁判所（1審）の1992年6月11日付判決，その後，ケルン上級地方裁判所（2審）の1993年3月18日付判決を経て，BGHに上告された。訴訟当事者は，有限会社のWettern社[5]（被告）と，その出資者であるトムベルガー女史（Frau Tomberger）（原告）である。したがって，Tomberger事件（判決）という名称は原告の名に由来する。

 この係争は，Wettern社が，資本参加しているTSS社[6]およびGfB社[7]という2つの有限会社の1989年度の利益に対する配当請求権を，自己の1990年度の決算書に計上したことに起因している。

 その場合，Wettern社と，その支配下にあるTSS社およびGfB社の関係として，次のような前提があった。

- TSS社およびGfB社に対するWettern社の単独資本参加
- Wettern社とTSS社およびGfB社の営業年度の一致
- Wettern社の1989年度の決算書監査日以前の，TSS社およびGfB社での配当決議の実施

 こうした前提のもとで，被告であるWettern社は，問題の利益配当請求権を1990年度の決算書に計上した。これに対して，原告のトムベルガー女史は，ドイツ国内規定にもとづけば，Wettern社は利益配当請求権を1989年度の決算書に計上すべきであって，その処理のないWettern社の決算書は無効であると訴えた[8]。

 つまり，ここでの争点は，TSS社およびGfB社の1989年度の利益に対する配当請求権を，Wettern社がどの営業年度の決算書に計上すべきか，という点である。すなわち，1989年度の決算書に計上するのか，それとも1990年度の決算書に計上するのか，そのいずれがドイツ法にいう「実現原則」の解釈に適合した処理かという判断である。なお，ここにいう「実現原則」とは，具体的には，「利益は決算日に実現されたもののみが計上されなければならない」（第252条1項4号）とする商法典の指示内容である。

 地方裁判所（1審）および上級地方裁判所（2審）の判断は，原告の訴えを

退けるものであった。そこでは，利益処分決議が実施された時点（1990年6月29日）で配当請求権が法的に確定し，それによりはじめて「実現」したとみなされる，という見解が支持された[9]。つまり，これは，1990年度に利益配当請求権を計上するのが妥当という判断である。

これに対してBGHは，経済的観察法に依拠して原告の主張に沿う見解，つまりWettern社は「同一時期」（1989年度）の決算書に計上しなければならない，とする見解を示した。というのは，BGHによると，この判断にとって重要なのは，利益配当請求権が法的に生じているかどうかではない。むしろ，当該請求権がTSS社およびGfB社の決算日（1989年12月31日）に経済的に具体化され得るかどうかである[10]。

3 先決的判決を求める判断

ただしBGHは，原告の主張に沿う見解を示す一方で，手続きを中断し，この問題について，欧州裁判所に先決的判決を求める決定を行った。というのは，BGHによれば，ドイツ商法典第252条1項4号は，EC第4号指令第31条1項c, aaと対応関係にあり，そこに表現される「実現原則」の解釈については，もっぱら欧州裁判所が権限を有すると考えられるからである。

1994年7月21日付のBGHの付託決定を確認すれば，それは次のようである。

「欧州経済共同体条約第177条にもとづき，欧州裁判所に以下の問題を先決的判決のために付託する。

決算日に実現した利益のみが計上されるとする，EC第4号指令第31条1項c, aaに該当する規定，ならびに同指令第59条により指示された，いわゆる『持分』法の原則に以下のケースが抵触するかどうか？

単独資本参加，そして株式法第17条2項にいう従属性および同法第18条1項3文にいうコンツェルン帰属性の推定を否定し得ない有限会社に対して，ある企業の有する利益配当請求権が，次に示す前提のもとで，従属会社の決算日時点で，単独もしくは多数資本参加企業の財産に属するものとみなされ，

『同一時期』に借方計上されるケース。その前提とは，2つの企業の営業年度が完全に符合し，かつ単独資本参加企業の年度決算書監査がまだ終了していない段階で，従属会社の社員総会が，年度決算書の確定および利益処分に関して決議していることである。」[11]

このように，BGHの付託決定は，「利益配当請求権の同一時期の計上」を認めた場合，この判断が，EC指令の解釈に抵触しないかどうかについて，欧州裁判所の判断を仰ぐものであった。BGHの示すところによると，問題となるEC第4号指令の規定は，「実現原則」に関する第31条1項c, aaと，持分法を定めた第59条である。

第2節　欧州裁判所の決定権限に対するドイツの批判的見解

上述のBGHの付託決定は，ドイツ会計規準の欧州的側面に光を当てたという意味で，まさに画期的な出来事であった。

ただし，こうしたBGHの判断に対して，批判が生じたのも事実である。その代表は，フランクフルト大学教授（当時）のモクスター（Moxter, A.）の見解である。モクスターは，「会計法上の欧州裁判所の決定権限の範囲について」と題する論文[12]において，BGHの判断に対して批判論を展開した。そこでの論点は，会計問題に対する欧州裁判所の決定権限について，その範囲をどの程度まで認め得るのかということである。以下，モクスターの見解を検討しよう。

1　モクスターによるEC指令の位置づけ
（1）モクスターの問題提起

BGHの付託決定にもとづく先決的判決問題は，ドイツで突如浮上したものである。それは，モクスターの次の指摘から明らかである。すなわち，「BGHによる突然の付託決定でもってはじめて，会計法における欧州裁判所の決定権限の範囲が考慮されることになった。これまでは，それがあまりにも自明のこ

とと考えられていたため，この問題に関心が払われることはなかった」[13]，と。

したがって，BGHの付託決定は，これまで不問にされてきた，欧州裁判所の決定権限の問題を呼び起こす契機になったことが判明する。ただし，モクスターは，BGHの判断に賛同するわけではない。すなわち，Tomberger事件の焦点である「実現原則」の解釈について，これが「EC法の解釈問題に相当するかどうかは疑わしい」[14]とする立場である。

また，EC第4号指令第31条が商法典第252条に転換されたという事実は認める[15]にしても，次の点こそがモクスターにあっての重要な論点である。すなわち「問題は，EC第4号指令第31条が求める最低限の要求である。利益決定規定に関してたんに，一般的な－かなり大まかな－枠組みが定められているという意味において，利益決定規定の具体化は，意識的に国内の立法者または裁判所にゆだねられた」[16]，と。

つまり，モクスターによれば，係争の焦点である利益決定規定の具体化は「指令立法者の規制の枠外に置かれた」[17]という。まさに，この点を論拠として，モクスターはBGHとは異なり，Tomberger事件に関して，「EC法の根拠と同時に欧州裁判所の権限が失効する」[18]ことを主張する。

（2）利益決定規定と情報規定の区分

さて，まずモクスターが具体的に言及するのは，EC第4号指令の特徴についてである。すなわち，モクスターによれば，「EC第4号指令の諸規定は，2つのグループに分類される。1つは利益決定に関して定めるものであり，もう1つは，決定された利益の金額を左右しないという意味での純粋な情報に役立つ規定である。利益決定規定には，（借方項目および貸方項目を決定する）計上規範と評価規範が属する。それ以外の規定のすべてが，純粋な情報規定である。年度決算書に関していえば，情報規定に相当するのは，貸借対照表および損益計算書の項目分類様式，ならびに附属説明書の内容に関する規定である」[19]，と。

このように，モクスターは，EC第4号指令の規定が利益決定規定と情報規

定とに大きく2つに分類されるとし,これら2つに分類された規定グループのうち,指令立法者は「純粋な情報規定のグループにより大きな注意を払った」[20]点を強調する。すなわち,項目分類様式と附属説明書の問題はかなり細分化され,比較的明確に規制されたのに対して,計上規範および評価規範に関しては,大まかなスケッチを描くことにとどめられた[21],と。

(3) EC指令の規制目的

以上のようなEC指令の性格づけをもって,モクスターは,利益決定規定の具体化は指令による規制の対象外であり,その限り,利益決定規定については大まかな枠組みが設けられているにすぎないとみる。すなわち,EC指令の主たる目的は情報提供面についての規制であり,情報規定については無制限に統一化が図られた一方で,利益決定規定についてはその統一化が制限されたという主張である。

① 情報規定の無制限の統一

モクスターによれば,EC第4号指令の前文から,指令の意義および目的が明らかになるという。すなわち,指令は,年度決算書および状況報告書の公示による社員ならびに第三者の保護を目的としている。年度決算書は,会社の財産状態,財務状態および収益状態の実質的諸関係に合致する写像を伝達しなければならない。この目的のため,貸借対照表ならびに損益計算書に関し,強制的な項目分類様式,また附属説明書および状況報告書に関する内容が定められる[22]。

したがって,モクスターによれば,指令の意義および目的は,年度決算書利用者に対して保護効果を発揮し,公示義務を有する会社に可能な限り同程度の負担を負わせる情報規制にある[23]。しかも,「実質的諸関係に合致する写像の伝達」という一般規範を最優先原則と位置づける第4号指令第2条の内容からみて,情報規定の統一化に関して,指令は制限を行っていないことが確認できるという[24]。

② 利益決定規定の制限的統一

次に，利益決定規定に関する言及である。企業の経済状況に関する重要な指標として，純財産の増加という意味での利益が一般に理解され，それゆえ，指令の前文においては，「異なる評価方法」についても統一が必要であると述べられている[25]。これに関して，モクスターは次の2つの点を指摘する。第1に，「指令は評価方法を全面的に統一するのではなく，むしろ『必要な限りにおいて』調整する」[26] と指令の前文は述べている。そして第2に，「附属説明書の内容に関する規定が，用いられた評価方法の全般的な注釈義務を定めている」[27] ということである。

こうした点を捉えて，モクスターは次のように主張する。すなわち「この前提にあるのは，利益が経済状況の判断に決定的な唯一の指標ではない，という点である。したがって，利益はその算定方法が周知の場合にはじめて表明力を有する。つまり，(中略) 現実には，評価方法の統一は制限された。利益数値の表明力が財産状態，財務状態および収益状態の判断のために確保されるには，用いられた評価方法が広く開示されることこそ重要」[28] である，と。

③ EC指令の目的

以上の分析から，モクスターは利益決定規定の具体化との関連において，指令の目的を次のように位置づけている。モクスターによれば，情報提供をつうじての年度決算書利用者の保護というEC指令の規制目的は，計上および評価，すなわち利益決定に関する枠組みの確定を強要するものではない。計上規範および評価規範の具体化は指令の目的ではない[29]。財産状態，財務状態および収益状態に関する情報の信頼性は，計上方法および評価方法がいくら具体化されようとも確保されるものではない。むしろ，計上方法および評価方法の影響に関する説明をつうじてはじめて，その信頼性が確保される[30]，と。

(4) 黙示的な加盟国選択権の存在

ところで，モクスターは，利益決定規定の具体化は，「年度決算書が配当可能利益ないしは処分可能利益の確定に役立つ限りにおいて必要である」[31] という立場をとる。それでは，利益決定規定の具体化がEC指令の主たる規制目的

とされなかった理由はどこにあるのか。モクスターはこの点に関し,「黙示的な加盟国選択権」[32]という表現を用いて,その論拠を示している。

① 情報提供手段の移行

モクスターによると,「利益決定規定の具体化の放棄は,指令が黙示的な加盟国選択権を含んでいることを意味している。加盟国が拘束されるのは,明示的な加盟国選択権が存在しない限り,枠規定だけである。たとえば,『引当金』は設定される（第20条），あるいは慎重原則は『いかなる場合においても』遵守される（第31条1項）と定められているにしても,引当金の計上要件ないし慎重原則の具体化は,指令の規制範囲ではない。」[33]

その理由は,財産状態,財務状態および収益状態の判断に関して,「指令により定められた枠組みの満たされ方が,つねに年度決算書利用者に認識可能であることこそ重要」[34]だからである。この意味において,利益数値は「あまりにも単純で不確かなもの」[35]であり,それよりもむしろ「用いられた評価方法に関する適切な解説」[36]が重要である。

このように,モクスターは,財産状態,財務状態および収益状態の判断にとって重要な情報の提供手段を,「営業年度利益」から「利益決定方法の説明」へと移行させることの意義を強調する[37]。そして,こうした観点から,「ドイツの慣行に適合する利益は,慎重原則および客観化原則をつうじて創出された処分可能額であると理解される。と同時に,純粋な情報任務を利益の説明へと移行させること」[38]を説く。

② 課税所得計算への影響

しかも,モクスターは,利益決定規定の具体化は,ドイツにおいては課税所得計算に密接にかかわる重要事項であり,これは簡単に譲れない領域であることを強調する。すなわち,「計上規定および評価規定の具体化を含む黙示的な加盟国選択権の採用は,いくつかの加盟国において存在する商事貸借対照表と税務貸借対照表の結び付きにかかわっている。こうした加盟国では,当初から,利益決定規定の具体化をEUの機関にゆだねる予定はなかった。なぜなら,利益決定規定の具体化をEUの機関にゆだねることは,重要な税の算定ベースの

確定を欧州裁判所に委任するか，もしくは基準性原則の廃止を加盟国に強いる結果となるからである」[39]，と。

2 モクスターの結論

よって，EC第4号指令の分析をもとにした，モクスターの最終的な結論は次のようである。

第1に，指令の規制目的は，年度決算書および状況報告書の開示をつうじて目指された年度決算書利用者の保護である。財産状態，財務状態および収益状態に関する情報をつうじて利害関係者の意思決定が可能になる。指令によって目指された情報規制は，もちろん利益決定に関する規制を含んでいるが，指令の文言およびその成立史からみれば，指令立法者が利益決定規定に関して，意識的に大まかな枠組みの規制にとどめたことは疑う余地もない。このような（広い）枠のなかで，利益決定規定の調整は意図されなかった。それは，用いられた方法に関する情報提供義務に取り替えられた[40]。

第2に，指令は，利益決定規定の具体化を加盟国にゆだねている。それは，アングロサクソン型に特徴づけられた利益決定規定とヨーロッパ大陸型のそれとのあいだの妥協を，指令立法者が認めた結果である。したがって，BGHの見解とは異なり，利益決定規定の具体化に関し，欧州裁判所の決定権限は否定されなければならない[41]。

お わ り に

1994年のBGHの付託決定は，Tomberger事件の判断に関して，ドイツ法に転換されたEC指令の解釈が必要になるという理由から，欧州裁判所の先決的判決を求めるものであった。この付託決定が提起した最大の論点は，会計処理をめぐる係争問題に対し，そもそも欧州裁判所がその判断主体になり得るのか，という点であった。さらに，欧州裁判所の決定権限が確認された場合，その権限はどの範囲にまで及ぶのか，という点であった。

BGHの付託決定に対する反応として，もちろん肯定的な見解も存在する。

つまり，EC指令とドイツ会計規準の整合性が直接判断される契機になったという意味で，付託決定に特別な意義を認める見方である。

しかし，その一方，BGHの判断に対して批判的な立場を示したモクスターの見解は注目されよう。モクスターの見解は，EC第4号指令の性格およびそのドイツ法への転換の様相からみて，BGHとは対照的に，欧州裁判所の決定権限に対して異議を唱えるものであった。すなわち，モクスターの主張は，EC第4号指令の規定を，利益決定面に資するものと情報提供面に資するものとに二分化し，とくに利益決定面に関して，欧州裁判所の決定権限を否定するものであった[42]。つまり，モクスターの批判論は，利益決定規定の具体化をドイツの固有の領域として堅持する立場から展開されたものであった。しかし，こうした異議を無視するかのように，次章で検討するとおり，Tomberger事件の判断の場面は，現実に欧州裁判所レベルへと移行することになった。

【注】
1）この先決的判決という訳語の他にも，わが国では，「予備的審決」，「事前決定」，「先行判決」などの別訳がある。
2）BGH［1976］, S. 38.
3）Schüppen, M.［1996］, S. 1481. なお，「利益配当請求権の同一時期の計上」問題に関し，理論的にみて，利益配当請求権の法的な発生，すなわち利益処分決議による確定時点を重視する見解と，それにはこだわらず，当該請求権が決算日の時点で，経済的に発生しているかどうかを重視する見解の2つの立場がある。本書では，前者を法的観察法，後者を経済的観察法と表現している。
4）Goerdeler/Müller［1980］, S. 313.
5）正式名称は，Gebrüder von Wettern GmbHである。
6）正式名称は，Technischen Sicherheitssystem GmbHである。
7）正式名称は，Gesellschaft für Bauwerksabdichtungen mbHである。
8）BGH［1994］, S. 1673-1675.
9）Haselmann/Schick［1996］, S. 1529.
10）BGH［1994］, S. 1675. なお，「利益配当請求権の同一時期の計上」を選択権により認めるのか，あるいは計上義務とするのかについても争点がある。1975年判決は選択権の形で容認したのに対して，1994年の付託決定では，これを計上義務にする見解が示されている。
11）*Ebenda*, S. 1673.
12）Moxter, A.［1995］, S. 1463-1466.

13), 14), 15), 16), 17), 18), 19), 20), 21) *Ebenda*, S. 1463.
22), 23) *Ebenda*, S. 1464.
24) *Ebenda*, S. 1464. なお,「実質的諸関係に合致する写像」とは, ドイツ語によるtrue and fair viewの相当表現である。
25), 26), 27) *Ebenda*, S. 1464.
28) *Ebenda*, S. 1464. しかも, モクスターによると, EC第4号指令のドイツ語版にみられる計算区分項目に関する「一定の期間（eine bestimmte Zeit)」という文言（第18条1文, 第21条1文）は, それ以外の言語版では確認できない。モクスターはこの点を捉えて, 指令の各言語版において表現の統一が放棄されたと主張する。つまり, これは, 指令立法者が利益決定規定の具体化を加盟国にゆだねたことの証拠であるという。
29), 30) *Ebenda*, S. 1464.
31) *Ebenda*, S. 1464-1465.
32), 33), 34), 35), 36), 37), 38), 39) *Ebenda*, S. 1465.
40) *Ebenda* S. 1465-1466.
41) *Ebenda*, S. 1466.
42) 本章で検討したモクスターの論文のなかでは, 情報提供面について欧州裁判所の決定権限を認めるか否かに関し, 直接の言及はない。ただし, 文脈からして, モクスターの見解は, 利益決定面については欧州裁判所の決定権限を否定するものの, 情報提供面についてはその権限を認め得るものと解するのが妥当であろう。

第9章 ドイツ会計制度に対する
Tomberger判決の影響

は じ め に

　1994年7月21日付のBGHの付託決定は，欧州裁判所の先決的判決を仰いだ，ドイツで最初の事例となった。この先決的判決の手続きに伴い，会計問題の判断の場面は，ドイツ国内のBGHから欧州裁判所へと移行した。具体的には，欧州裁判所法務官の「最終意見書」の公表，そして欧州裁判所の先決的判決という形で手続きが進められた。

　こうした経過に対して，モクスターが彼の著書で指摘した次の懸念は，現実味を帯びてきたように思われる。すなわち，モクスターによれば，「欧州裁判所は（利益決定面に対する―著者）決定権限を肯定し，アングロサクソン諸国に普及した諸概念にもとづき，利益を動的な意味に理解することに傾くかもしれない。これに関してはEC第4号指令第2条の"true and fair view"命令が根拠となる。しかも，欧州裁判所がアングロサクソン的理解にもとづいて，正規の簿記の諸原則（GoB）を法規範としてではなく，むしろ単なる専門基準として解釈することも懸念される。これら2つの傾向は，法的不安定性および法的不明瞭性に特徴づけられた初期の段階へ，ドイツ会計法が後戻りすることを意味している。」[1]

　このモクスターの懸念は，欧州裁判所の先決的判決の場面で，ドイツ会計にとって異質な判断・解釈が行われる可能性があることを示唆するものである。つまり，先決的判決問題が進展をみせれば，もはや，ドイツ会計の個性を保持することが許されない，深刻な事態が生じる可能性がある。

本章の目的は，Tomberger事件をめぐる先決的判決手続きの一連の経緯を整理し，そこでの論点を明確にすることである。

第1節　欧州裁判所法務官の「最終意見書」

1　BGHの付託決定

前章で明らかにしたように，Tomberger事件は，Wettern社（被告）の年度決算書に対して，出資者であるトムベルガー女史（原告）がその無効を訴えた事例である。この係争は，Wettern社が，単独支配している会社の1989年度の利益に対する配当請求権を，1990年度の決算書に計上したことに起因していた。つまり，争点は，1989年度の利益に対する配当請求権を，Wettern社がどの営業年度の決算書に計上すべきか，すなわち，1989年度の決算書に計上するのか，それとも1990年度の決算書に計上するのか，そのいずれがEC指令ならびにドイツ法が定める「実現原則」の解釈に適合した処理かという点である。

BGHはこの問題に対して，原告の主張に沿う見解，すなわち「利益配当請求権の同一時期の計上」の許容に理解を示す一方で，手続きを一時中断し，この判断がEC指令に抵触しないかどうかについて，欧州裁判所への付託を実行した。BGHの付託決定によると，問題となるEC第4号指令の規定は，「実現原則」に関する第31条1項c, aaと，持分法を定めた第59条であった。

前章の繰り返しになるが，BGHの付託決定は次のような内容であった。

「欧州経済共同体条約第177条にもとづき，欧州裁判所に以下の問題を先決的判決のために付託する。
　決算日に実現した利益のみが計上されるとする，EC第4号指令第31条1項c, aaに該当する規定，ならびに同指令第59条により指示された，いわゆる『持分』法の原則に以下のケースが抵触するかどうか？
　単独資本参加，そして株式法第17条2項にいう従属性および同法第18条1項3文にいうコンツェルン帰属性の推定を否定し得ない有限会社に対して，

ある企業の有する利益配当請求権が，次に示す前提のもとで，従属会社の決算日時点で,単独もしくは多数資本参加企業の財産に属するものとみなされ，『同一時期』に借方計上されるケース。その前提とは，2つの企業の営業年度が完全に符合し，かつ単独資本参加企業の年度決算書監査がまだ終了していない段階で，従属会社の社員総会が，年度決算書の確定および利益処分に関して決議していることである。」[2]

2 欧州裁判所法務官の見解

BGHの付託決定を受けて，まずは欧州裁判所の判断に先だって，1996年1月25日付で欧州裁判所法務官の「最終意見書」が公表された。「最終意見書」はそれ自体，法的拘束力を有するものではない。しかし，欧州裁判所が先決的判決を下す際に参照する重要な資料となる。この事件を担当した法務官の見解は，次のように表明された。

「EC第4号指令第31条1項c, aaによれば，他の資本会社に単独資本参加し，かつ支配している資本会社が，年度決算書において，従属会社の利益獲得年度に,当該利益に対する請求権を借方項目として計上することは禁じられる。ただしその前提は，2つの会社の営業年度が完全に一致し，かつ資本参加会社の年度決算書が確定する以前に，従属会社が年度決算書の確定および利益配当に関して決議していることである。」[3]

このように，法務官により，Wettern社の1989年度の決算書に利益配当請求権を計上することは，EC第4号指令の解釈に抵触するとみなされた。したがって，法務官の判断は，この処理に理解を示したBGHとは異なる立場をとるものであり，ドイツにとどまらず，欧州全体に大きな衝撃を与えることになった[4]。

「理由」を示した部分によれば，Wettern社の配当請求権が確定する基礎になるのは，利益処分決議である。当然，これは，子会社の決算日（1989年12月

31日）の後に行われる。したがって、利益処分決議以前には、利益の発生および金額に関する法的安定性は存在しないという[5]。

（2）解釈の対象となるEC指令の規定

ところで、BGHにより解釈が求められた規定は、いわゆる「実現原則」を定めたEC第4号指令第31条1項c, aaと、持分法を定めた同指令第59条であった。

これに関して、法務官によると、EC第4号指令第31条1項c, aaが商法典第252条1項4号に正確に転換されたこと、すなわち商法典とEC指令とが一致していることに異論はない。他方、同指令第59条（持分法）は、「利益配当請求権の同一時期の計上」問題の判断にとって重要ではない。なぜなら、ドイツの立法者は、加盟国選択権を利用して持分法を国内法化しなかったからである。結果、法務官の見解では、第59条に関して違反は存在しないという[6]。

次にみる欧州裁判所の判決もこの意見を踏襲し、第59条の解釈はもはや問題とされていない。したがって、争点として残されたのは、「実現原則」の解釈である。

第2節　欧州裁判所の先決的判決

1　1996年の判決——TombergerⅠ——

BGHとは明らかに見解が異なる法務官の「最終意見書」に対して、欧州裁判所がどのような判断を下すのかが注目された。もし、欧州裁判所が法務官の見解に依拠することになれば、BGHの判断と食い違うことになるからである。

Tomberger事件にかかわって下された先決的判決は、1996年6月27日付の判決（以下、TombergerⅠと表記する）と1997年7月10日付の判決訂正決定（以下、TombergerⅡと表記する）の2つから構成される。

まず、1996年のTombergerⅠの判決主文は次のようである。

「子会社により割り当てられた問題の利益が，その営業年度（1989年度－著者）の親会社の貸借対照表に計上されなければならない，と国内の裁判所が判断するならば，EC第4号指令第31条1項c, aaに対する違反はない。ただし，次のことが要件である。
- 会社（親会社）は，もう一方の会社（子会社）の単独社員であり，かつそれを支配し，
- 親会社および子会社は国内法にもとづきコンツェルンを形成し，
- 両会社の営業年度が一致し，
- 問題となる営業年度の子会社の年度決算書が，社員総会により，当該営業年度の親会社の年度決算書監査の終了以前に確定され，
- 問題となる営業年度の子会社の年度決算書から，それが社員総会により確定されたため，子会社が貸借対照表基準日に――すなわち，当該営業年度の最終日に――親会社に利益を割り当てたことが読み取れ，そして，
- 問題となる営業年度の子会社の年度決算書が，財産状態，財務状態および収益状態の実質的諸関係に合致する写像を伝達していることを，国内の裁判所が確認したこと。」[7]

このように，TombergerⅠは，欧州裁判所の基本的立場を示したものである。この内容から判断できるように，欧州裁判所は，法務官の「最終意見書」に従うのではなく，判決に述べられた条件を前提として，「利益配当請求権の同一時期の計上」をEC指令の解釈に妥当するものとして認めた。この判断は基本的にBGHの見解と同一の方向であり，また，1975年判決以来のドイツの実務慣行にも抵触しない。

2　1997年の判決――TombergerⅡ――

順当なら，以上のTombergerⅠを受けて，BGHによる結審へと手続きが進むところである。しかし，この係争では，TombergerⅠの公表後，1年を経過して再度，訂正判決（TombergerⅡ）が下されるという特異な経緯を辿った。

このTomberger Ⅱ は，Tomberger Ⅰ の判決主文および「理由」の箇所を一部修正することを目的とするものである。

1997年のTomberger Ⅱ の判決主文は，次のようになっている。訂正は強調を施した部分である。

「子会社により割り当てられた問題の利益が，その営業年度（1989年度－著者）の親会社の貸借対照表に計上されなければならない，と国内の裁判所が判断するならば，EC第4号指令第31条1項c, aaに対する違反はない。ただし，次のことが要件である。
- 会社（親会社）は，もう一方の会社（子会社）の単独社員であり，かつそれを支配し，
- 親会社および子会社は国内法にもとづきコンツェルンを形成し，
- 両会社の営業年度が一致し，
- **子会社の社員総会は，問題となる営業年度の親会社への一定の利益の割当に賛同し，**
- **当該社員総会は，同営業年度の親会社の年度決算書監査終了以前に開催され，そして，**
- 問題となる営業年度の子会社の年度決算書が，財産状態，財務状態および収益状態の実質的諸関係に合致する写像を伝達していることを，国内の裁判所が確認したこと。」[8]

このTomberger Ⅱ の公表でもって，欧州裁判所レベルでの手続きが完了した。訂正内容からわかるように，Tomberger Ⅱ それ自体は，内容的にみてそれほど重要ではない。Tomberger Ⅰ での基本決定を踏襲したうえでの，文言の修正にすぎない。

その後，この先決的判決の趣旨に沿う形で，1998年1月12日付でBGHによる結審が下され，この事件は一応の決着をみた。BGHの判決主文は，次のようになっている。

第9章　ドイツ会計制度に対するTomberger判決の影響　*127*

「有限会社に単独資本参加しているコンツェルンの会社は，親会社の監査終了以前に，子会社の年度決算書が確定され，かつ子会社の社員総会が利益処分に関して決議をした場合，子会社で獲得され，かつ配当に予定された利益を，同一の営業年度において，貸借対照表および損益計算書に表示しなければならない。」[9]

以上，トムベルガー事件をめぐる先決的判決の一連の経緯を図示すれば，図表9-1のようになる（A社は被告であるWettern社を指す）。

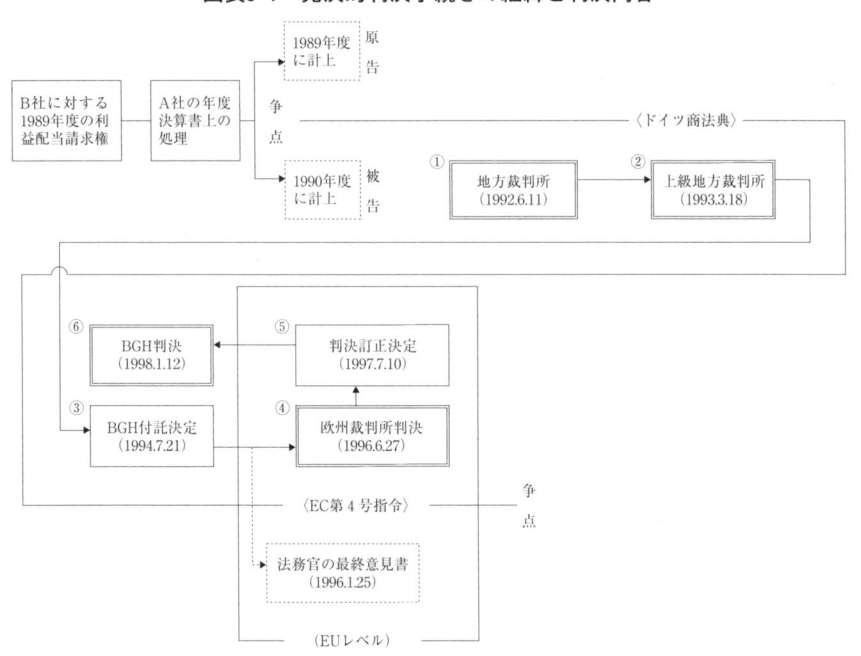

図表9-1　先決的判決手続きの経緯と判決内容

B社に対する1989年度の利益配当請求権 → A社の年度決算書上の処理　争点：1989年度に計上（原告）／1990年度に計上（被告）

〈ドイツ商法典〉
① 地方裁判所（1992.6.11）
② 上級地方裁判所（1993.3.18）
③ BGH付託決定（1994.7.21）
④ 欧州裁判所判決（1996.6.27）
⑤ 判決訂正決定（1997.7.10）
⑥ BGH判決（1998.1.12）

法務官の最終意見書（1996.1.25）

〈EC第4号指令〉　争点
（EUレベル）

第3節　Tomberger判決に対するドイツの議論

ところで，Tomberger判決に関し，その内容面で注目されるのは，法務官が利益処分決議による配当請求権の法的な発生を重視する立場を示したのに対して，欧州裁判所の立場がそれとは異なっていた点である。さらに，欧州裁判所が，この判断に際し，「子会社の年度決算書が，財産状態，財務状態および収益状態の実質的諸関係に合致する写像を伝達していることを，国内の裁判所が確認する」という条件をつけたことが注目される。これは，欧州裁判所が，EC第4号指令第2条の"true and fair view"に由来する「貸借対照表真実性の原則（Prinzip der Bilanzwahrheit）」（以下，真実性原則と表記する）に重要な意義を認めた結果である。

それでは，この先決的判決の一連の経過がドイツでどのように受け止められたのか。ここでは，ドイツの議論を可能な限り整理しておこう。

1　理論的意義

連邦財政裁判所（BFH）判事のヴェバー・グレレット（Weber-Grellet, H.）によると，Tomberger判決から，2つの理論的命題が導き出せるという。それは，経済的観察法と真実性原則に関するものである[10]。

（1）経済的観察法

まず，経済的観察法についていえば，法務官が利益処分決議の時点を重視する見解，いわゆる法的観察法の立場から判断したのに対して，欧州裁判所はそれに従わず，経済的観察法に依拠して「利益配当請求権の同一時期の計上」を認めたという事実が重要である。この限り，経済的観察法の思考が，欧州裁判所のレベルでも確認されたことが判明する。

（2）真実性原則

次に，真実性原則についてである。欧州裁判所の判決では，true and fair view概念が採用された，EC第4号指令第2条の遵守が指令の主たる目標であると強調された。true and fair view概念は，そもそもイギリス会社法に由来しており，EC第4号指令では，この原則（第2条）が，年度決算書作成に関する基本原則とされている。したがって，欧州裁判所により，指令の解釈問題は，真実性原則の確保を大前提に判断されるべきことが明確にされた。つまり，Tomberger判決でいえば，「利益配当請求権の同一時期の計上」が，EC指令にいう真実性原則に適合した処理として容認されたということである。

2　制度面への影響

（1）欧州裁判所の決定権限について

1994年のBGHの決定を機に，まずドイツで起きた議論は，欧州裁判所の決定権限に対してのものであった。たとえばモクスターの見解は，EC指令の性格およびその転換の様相からみて，とくに利益決定面について，欧州裁判所の決定権限を強固に否定するものであった（第8章参照）。

この点からみれば，欧州裁判所が，「決定権限を会計法の領域についても明示したという事実」[11]はまさに画期的である。というのは，この事実はモクスターの批判を退ける返答になるからである。このことを捉えて，「欧州裁判所は，欧州会計法のさらなる展開のための重要な一里塚を築いた」[12]と評する論者もいる。

（2）ドイツ商法および税法への影響

① 商法への影響

欧州裁判所の決定権限が明示されたことによって，次に浮上する論点は，先決的判決問題がドイツ会計制度にいかなる影響を与えるのかである。

商法会計についていえば，「ドイツの裁判所は，商法典第三編の規定を欧州裁判所の先決的判決なしでは独自に解釈し得ない」[13]という認識が高まること

が予想される。またそのなかで，ドイツ会計制度の基軸概念である「正規の簿記の諸原則（GoB）」に重要な影響が及ぶか否かが争点になる。

　これは非常に重要かつ複雑な問題である。この点に関し，とくにミュラー（Müller, W.）の見解は，EC指令の適用範囲とのかかわりにおいて，ドイツのGoBに対する影響をいち早く指摘した点で注目される。

　ミュラーによれば，EC指令は，資本会社（株式会社，株式合資会社，有限会社）に対してのみ適用される。ドイツの立法者は会計指令法をつうじて，この限定された有効範囲を，故意に，商法典第三編を2つの章に分割することで受け止めた。つまり，すべての商人に対する規定（第238条～第263条）と，資本会社に対してのみ適用される規定（第264条～第335条）という分割によってである。これは，資本会社に対して有効な規定が，自動的かつ一律にその他の法形態の会社に転用されることを阻止しようとした，連邦議会法務委員会の要望にもとづくものであった。

　問題は，ドイツの立法者が選択したこうした転換方法から生じる。バイセ（Beisse, H.）は，すべての商人に対して適用される商法典第三編第1章の規定を，それがEC指令の「転換群」である限り，二重の性質を有することを導きだした。個人商人および人的商事会社に関しては，それは純粋な国内法であり，資本会社にかかわる部分については，それは転換法である，と。このような「分割的な」解釈が許されるであろうか？　私見によれば，このケースでは妥当でないと考える。会計規定の目的論的な解釈は，統一的かつ矛盾のないものでなければならない。この限り，指令に合致した解釈原理は，すべての商人に対して適用される[14]，と。

　以上のミュラーの指摘は，ドイツが採用したEC指令の転換方法に起因して，複雑な問題が生じ得ることを示唆している。すなわち，EC指令が資本会社のみをその適用対象としていたのに対して，ドイツの立法者は，その範囲を超えて，すべての商人に対する会計規定を含めた形で商法典第三編を創設した。その結果，すべての商人に対する規定，すなわちGoBを含む商法典第三編全体に指令に合致した解釈が適用されるか否かという論点が浮上する。この限り，ド

イツ商法典の再編のあり方に起因して，そこでの論理が，先決的判決によりあらためて問い直される状況が生じている。

② 税法への影響

さらに，欧州裁判所判決がGoBに影響を及ぼす限り，基準性原則を介して，その影響が税法会計の領域にも行き着く可能性がある。その意味で，先決的判決の側面から，基準性原則の存続が問題視される可能性を否定することはできない。なぜなら，「基準性原則に固執する場合には，税務上の算定ベースの主要部分が，将来，（欧州裁判所の所在地である－著者）ルクセンブルクで決定されることになるからである。」[15]

お わ り に

以上，Tomberger事件は，BGHの付託決定（1994年7月21日），欧州裁判所法務官の「最終意見書」（1996年1月25日），先決的判決（1996年6月27日および1997年7月10日），そしてBGHによる結審（1998年1月12日）という一連の過程で，ドイツの会計国際化に起因する新たな問題を提起することになった。

BGHの付託決定を機に，まずドイツで起きた議論は，欧州裁判所の決定権限に対してのものであった。なかには，モクスターのように，とりわけ利益決定面に関して，欧州裁判所の決定権限を強固に否定する見解もみられた。しかし，欧州裁判所が先決的判決を明示したことにより，こうした批判は退けられる形となった。結果的にみれば，BGHの判断を欧州裁判所がいわば追認する方向で事態は一応の決着をみた。ただし，それ以上に重要なことは，Tomberger事件が個別事例の枠を超えて，利益決定面に重要な「実現原則」の解釈問題でさえも，先決的判決の対象になるという認識をもたらしたという点である。

欧州裁判所の決定権限が明示されたことにより，先決的判決問題を介して，ドイツの会計国際化対応は新たな次元に移行したといっても過言ではない。今後，ドイツの裁判所と欧州裁判所の見解がつねに一致する保証はどこにもなく，その意味で，この問題は，ドイツ会計制度の将来を大きく左右する可能性を秘

めている。EC指令という国際的な規範を国内法に転換したことを機に，それから派生する先決的判決問題への対応が，ドイツ会計制度にとって不可避な，現実的課題になっている。

【注】
1) Moxter, A. [1996], S. 9.
2) BGH [1994], S. 1673-1674.
3) EuGH [1996a], S. 316.
4) Ackermann, G. [1996], Editorial.
5), 6) EuGH [1996a], S. 318.
7) EuGH [1996b], S. 1400.
8) EuGH [1997], S. 1577-1578.
9) BGH [1998], S. 567.
10) Weber-Grellet, H. [1996], S. 1094.
11), 12) Herzig, N. [1996], S. 1401.
13) Schulze-Osterloh, J. [1995], S. 176.
14) Müller,W. [1997], S. 92-93. なおミュラーは，弁護士，経済監査士そして税理士の資格を有する実務家である。
15) Herzig, N. [1996], S. 1402.

第10章　先決的判決問題の進展と
　　　　　ドイツの引当金会計

はじめに

　欧州裁判所のTomberger判決は，ドイツにおける先決的判決問題の先駆けとして，「実現原則」の解釈を問題にした事例であった。ただし，先決的判決問題はこれにとどまらない。ドイツでは，また新たな事例が後に続くことになった。すなわち，ケルン財政裁判所（FG Köln）による1997年7月16日付の付託決定を契機とする問題である。この付託決定は，保証給付義務に対する一括引当金（Pauschalrückstellung）の許容について，「個別評価原則」の観点から異議を唱え，その判断を欧州裁判所にゆだねたものである。
　本章では，このケルン財政裁判所の付託決定を研究の素材として取り上げる。その際，分析の手順として，まず付託決定の内容を検討し，次に付託決定に対するドイツの論者の見解を考察する。

第1節　ケルン財政裁判所の付託決定

1　付託決定の内容

　まず，1997年7月16日付のケルン財政裁判所の付託決定の内容を確認したい。この事例は，有限会社であるDE＋ES建設（原告）とベルクハイム税務署（被告）との係争である。したがって，DE＋ES事件（またはDE＋ES判決）という名称は，原告の社名に由来する。
　ケルン財政裁判所の付託決定を確認すれば，それは次のような内容になって

いる。

「欧州経済共同体条約第177条にもとづき，欧州裁判所に以下の問題を先決的判決のために付託する。
1. 契約の履行のため，自社の従業員に加えて下請業者を動員した建設会社が，決算日の後にはじめて生じる保証給付義務に対する引当金を，特定の契約に存する個別の補償リスクを考慮した個別引当金としてではなく，補償部分を内包する売上額につき，一定のパーセンテージのもとに一括引当金として計上する場合，このことがEC第4号指令にかかわる貸借対照表計上規定に合致するかどうか？
2. 1.の問題を肯定する場合，いかなる要件のもとで，いかなるパーセンテージにより一括引当金の設定が認められるのか，また，必要な引当金額に関して疑義が生じる場合に，立証不能の欠陥をだれが補うのか？」[1]

この付託決定からわかるとおり，ケルン財政裁判所から欧州裁判所に付託された問題は次の2つである。第1は，個々の保証給付リスクに対して個別に引当金を設定するのではなく，当該リスクに対して引当金を一括して設定する場合，それがEC指令に抵触するのではないかという点である。後述するように，ケルン財政裁判所の基本的立場は，EC第4号指令ならびにドイツ法にいう「個別評価原則」（EC第4号指令第31条1項e，商法典第252条1項3号）の観点から，保証給付義務に対する一括引当金の許容に対して「大きな疑問」を呈するものであった。そして第2は，もし争点の一括引当金をEC指令に合致する処理として認めた場合，引当率の許容限度額の判断主体はいったい誰かという点である。

なお，当該係争においては，原告（DE＋ES建設）が，売上額の2％に対して一括引当金を設定したことに対して，ベルクハイム税務署は，売上額の0.5％だけを認めることを主張している[2]。

2 付託の理由

　続いて，「理由」の部分につき重要と思われる部分を紹介する。付託決定の判断に関し，ケルン財政裁判所により，（1）～（6）に示す以下のような「理由」が付されている[3]。

　（1）所得税法第5条1項1文，ならびに法人税法第8条1項にもとづく利益決定の基準となる商法上の正規の簿記の諸原則（GoB）によれば，不確定債務に対して引当金が設定されなければならない（商法典第249条1項1文）。これには保証給付引当金も該当する。最高裁判決に依拠する所得税実施準則によると，その種の引当金の設定要件は，決算日以前に原因が発生している義務が対象であり，これにもとづく請求を本気で覚悟しなければならない，ということである（所得税実施準則第31c条2項）。

　根拠のある例外的な場合にのみ離脱が認められる個別評価原則（EC第4号指令第31条1項e，商法典第252条1項3号）によれば，一括引当金の設定は認められないであろう。原告が例外的な状況にあると仮定することはできない。というのは，民法上の保証給付規程にもとづき，すべての企業が請求のリスクを負っているからである。

　（2）会計指令法の施行以前からの慣行であり，かつ最高裁で認められた取り扱いによれば，根拠のある例外的な場合かどうかを問わず，一括引当金の設定が可能な場合がある。財務省から出された1996年版所得税ハンドブックによると，保証給付引当金については，たんに次の2つが要件になっている。すなわち，

－商人は，過去の経験にもとづき，一定の確率でもって補償請求を予測しなければならないこと（第1の要件），もしくは，

－業種の経験および企業形態の特殊性から，補償を行う確率が明らかなこと（第2の要件）。

　今回の係争では，原告（建設会社）にはこれまで補償を求められた経験がないという事実を，被告（税務署）は指摘している。この被告の主張は，第1の要件に該当するものであり，第2の要件に対する言及はない。

（3）一括引当金の設定が認められると仮定すれば，引当金の設定額に関して，その額の確定はまずもって原告の行為である。というのは，原告は自社のことについて，被告以上によく承知しているからである。商人の判断を逸脱する引当金額の見積りに関し，それを説得的に根拠づけることができない限り，当部（ケルン財政裁判所—著者）の見解では，一般的な証拠原則にもとづき被告に立証責任がある。したがって，EC第4号指令からは判断できないものの，商法典第253条1項2文により，評価を行う商人の判断が優先される。このため，引当金の計上に際して疑いのある場合，商人が引当金額の必然性を立証しなければならない，ということになろう。ただし，この点の解釈はいまだ明確ではない。欧州裁判所によりこの点が明確にされることを当部は希望する。

（4）今回の法係争の判断は，一括引当金が会計法上，はたして認められるのか否かに左右される。このことに関して，当部は，EC第4号指令第31条1項eに含まれる個別評価原則に鑑みて，大きな疑問を抱いている。加えて，引当金の客観化のために，債務の十分な具体化が求められるのは当然であろう。商人は，客観的に検証可能な規準にもとづき，請求を本気で覚悟しなければならない状況にあることを説明する必要がある。かりに請求が行われなくても，請求を根拠づける事実が明らかである必要がある。個別引当金に対してこのことが求められるならば，一括引当金が設定される際，その客観的要件が放棄される理由は見当たらない。

（5）商人自身の見積りと，税務署により要求される引当金額との間に不一致が生ずることは当然であろう。この不一致は，さらなる事実が解明されても解消されることはない。なぜなら，確率の見積りが，評価の裁量の余地を導くことは当然であり，その範囲内では，あらゆる評価結果は，多かれ少なかれ妥当であり，ともかく誤りではないからである。今回の事例では，さらなる疑問が生じる。すなわち，リスクを内包する売上額について，パーセンテージを任意に想定する限り，一括的な保証給付引当金の必要額に関する疑問についての訴訟上の欠陥をだれが補うのかという問題である。

（6）今回の法係争の判断は，ともかく，ドイツ国内の税法の適用にかかわ

るものではなく，これに関して，訴訟当事者間に対立はない。むしろ，今回の判断は，引当金設定に関連し，かつEU法にもとづく商法上の年度決算書に関する規定の解釈にかかわるものである。したがって，付託問題に関して，－国内法に転換された－EU法の適切な解釈が求められる。この問題に対して－同様の事例に対しても－法的明瞭性を速やかに獲得するために，権限のある欧州裁判所の先決的判決を要求する。

第2節　付託決定に対するモクスターの見解

上述のように，ケルン財政裁判所は，保証給付義務に対する一括引当金の許容問題を，欧州裁判所に先決的判決のために付託した。このケルン財政裁判所の付託決定に対して，モクスターが「税務会計上，一括引当金は認められないのか？」と題する論文[4]のなかで意見を表明することになった。モクスターは，Tomberger事件の際，いち早く批判論を展開し（第8章参照），以来，先決的判決問題に関心を寄せ続けてきた。ドイツの代表的な論者である彼の主張は，ケルン財政裁判所の付託決定の意味を理解するうえで示唆に富む。

1　個別評価原則と一括引当金

ケルン財政裁判所が，「個別評価原則」の観点から一括引当金の許容を疑問視する立場であったのに対して，モクスターは，それとは対照的に，一括引当金の許容は当然という立場をとる。この結論を導くため，彼が言及するのは，主として慎重原則の遵守，ならびに真実性原則の確保という2つの側面である。

（1）慎重原則と一括引当金

まず，モクスターは，ケルン財政裁判所の判断を次のように批判する。すなわち，法律上の個別評価原則が必ずしも一括評価を排除するわけではない，という点を財政裁判所は見過ごしている[5]。たとえば，建物に対する「減価償却のカオス」を回避するため，簡素化目的により一括評価が強制される[6]，と。

したがって、モクスターによれば、一括評価が個別評価原則に抵触しない第1の理由は、簡素化の要請である。

さらに、モクスターは、法律上の慎重原則が一括評価の実施を要求する[7]、と主張する。これが、モクスターの唱える第2の理由である。たとえば、債権の特定のグループに対して、経験値にもとづき、貸倒れのリスクは比較的容易に予測可能である。こうした経験値に依拠した債権の一括的な減額記入は、法律に合致する。というのは、慎重原則にもとづく債権の価値引き下げは、個別評価原則に対する表面上の違反にすぎないからである[8]、と。つまり、貸倒れのリスクを経験値により一括評価することは、法律上の慎重原則から要請されるという。

しかも、モクスターによると、「不確定債務の場合も、これと事情は何ら変わらない。もちろん、個別引当金の設定が優先されるべきであるが、必ずしもそれだけで十分とはいえない。」[9]すなわち、保証給付の場合、個別引当金は、個々の売上行為につき具体化できる保証給付義務を考慮するものである。これに対し、一括引当金は、それ以外の保証給付リスクに対して貸方計上される。つまり、経験値にもとづき貸借対照表作成日の時点で具体化できる保証給付義務がそれに相当する。したがって、一括的な保証給付引当金が貸方計上されない場合、EC第2号指令（資本維持指令）および第4号指令が要請する「慎重原則はいかなる場合においても考慮されなければならない」という命題に反する[10]。

以上のように、モクスターによれば、一括評価の実施は、建物の減価償却の場合の簡素化目的にとどまらない。それに加えて、一括評価は、慎重原則の遵守という観点から、とくに貸倒れの評価や保証給付引当金の際に実施可能であると主張される。つまり、ケルン財政裁判所が問題にしている個別評価原則に対して、実質的な矛盾は存在しないという立場である。

（2）真実性原則と一括引当金

さらに、モクスターは、慎重原則の観点に加えて、真実性原則の観点からも考察を加える。すなわち、EC第4号指令の意義および目的は、上述の資本維

持に加えて，"true and fair view"の確保である。欧州裁判所の見解によれば，真実性原則はその意味に即して理解される。また，想定される保証給付義務が，経験値にもとづき貸方計上されない場合，貸借対照表は，商人の財産および負債の本来の状況を描写しない[11]という。

しかも，モクスターによると，一括的な保証給付引当金を明確に指示する連邦財政裁判所（BFH）の判決において，この考え方が確認できるという。すなわち，「財産対象物もしくは負債の一括的な評価は，商人の財産および負債の状況に関する適切な写像を与えるものである。」[12] それ以外の多くのBFH判決もまた，真実性原則は，形式的な意味での個別評価原則を抑制すると判断している[13]，と。

つまり，モクスターからみれば，一括引当金の許容を疑問視するケルン財政裁判所は，法律の字句にこだわりすぎている[14]。なぜなら，一括評価の強制的な実施には，個別評価原則からの離脱が不可避だからである[15]。つまり，真実性原則が個別評価原則に優先する場面が想定されるという主張である。

このように，ケルン財政裁判所が一括引当金の設定への異議を唱えたことに対して，モクスターの主張は，慎重原則ならびに真実性原則の観点から，一括引当金の設定は必須であると反論する内容である。

2　評価の裁量の余地と理性的な商人の判断

（1）客観化要請

以上のように，慎重原則および真実性原則を考慮すれば，保証給付義務に対する一括引当金の許容は自明であるというのがモクスターの基本的立場である。しかしながら，付託決定をつうじて，ケルン財政裁判所により一括引当金に疑問が呈されたことは事実である。モクスターは，その理由を次のように推測する。すなわち，「財政裁判所が，真実性原則および慎重原則のような会計法上の基本原則の意義を見過ごすようなことはありえない。一括的な保証給付引当金に対して，財政裁判所により『大きな疑問』が唱えられているが，それはおそらく，客観化できない保証給付義務にもとづく引当金に対してのことで

あろう」[16]，と。この点にかかわって，モクスターは，「事実，真実性原則および慎重原則は，客観化要請により制限される」[17]ことを認めている。

（２）見積範囲の客観化

それでは，保証給付義務に対する一括引当金の場合，求められる客観性とは何か。モクスターによれば，それは「見積範囲の客観化」である。

モクスターによると，まず一般的にみて，認識可能な個々の売上に対する保証給付リスクでも，貸借対照表の作成時点では，多かれ少なかれ見積られる[18]。しかも，一括引当金の設定問題に対する最高裁判決では，一定の見積範囲を決めることで十分とされてきた。したがって，問題は，こうした見積範囲が，いかなる基準を満たすべきかである[19]。すなわち，「BFHが強調したように，確率の見積りが『検証可能な範囲におさまるべき』『客観的な基準』」[20]を確認することが重要である。これに関し，モクスターによると，綿密なそして良心的な商人は，基本的に経験値に依拠して確率を見積もる[21]とし，その経験値こそが客観化されれば十分と説く。ここにいう経験値とは，企業独自の経験，もしくは当該企業が属する業種の経験にもとづくものである。しかも，その前提は，商人がこれまでの経験から補償請求を一定の確率で覚悟しなければならないこと，もしくは業種の事情および企業独自の経験から，保証給付を行う確率が明らかなことである[22]。

なお，モクスターによれば，建設業の場合，BFH判決において，業種の経験から欠陥工事が発生する具体的な確率が導き出される[23]，と述べられている。さらに，BFH判決によると，保証給付引当金の場合，請求のおそれの判断は実体験によるもので十分である[24]，とも指摘されている。

（３）理性的な商人の判断

したがって，モクスターは「保証給付義務の場合，実際，例外的な場合は別として見積範囲は客観化できる」[25]と主張する。さらに，この見積範囲の確定問題について，モクスターは「理性的な商人の判断」にかかわらせて次のよう

な見解を表明する。すなわち,「見積範囲は,異なる債務額を包含する。また債務額は,確率が大きく異なればそれにも左右される。したがって,いかなる債務額を引当金の計上に際して定めるべきかという問題が残る。この点に関し,商法典第253条1項2文にいう理性的な商人の判断への指示を,商人に与えられた選択権として理解することもできよう。商人は,引当金の評価に際して,見積範囲を逸脱しないことを求められるにすぎない」[26],と。したがって,引当金計上の際の見積範囲の確定に関して,「理性的な商人の判断」が1つの基準になるというのがモクスターの考え方である。

ただし,モクスターは,このような「理性的な商人の判断」に依拠した引当金の評価は,見積範囲が相対的に広い場合,当該規定の意義および目的に合致しない[27],と主張する。さらに,保証給付義務に対する一括引当金の問題を,事実問題(Tatsachenfrage)と法問題(Rechtsfrage)とに区別して考察する必要性を説く。すなわち,理性的な商人の判断は,その時々の見積範囲の具体化という事実問題の返答にとり重要である。その限り,理性的な商人の判断は,あくまで必要な引当金額に間接的な影響を与えるものにすぎない。これに対し,法問題とは,いかなる基本思考にもとづき,見積範囲におさまる引当金額を確定するのかということである[28]。とくに後者の法問題に関していえば,モクスターによると,EC第4号指令と商法典の基本思考は一致しているという。すなわち,「慎重原則は決して絶対視されるものではない」[29]という見方である。BFH判決において示されているように,慎重原則は,客観化要請をつうじて「一定の境界内でのみ」適用されるからである[30]。

しかし,その一方,モクスターは,客観化要請と慎重原則とが「まさに対立する場合には,慎重原則が優先される」[31]と主張する。その根拠は,彼によると,「計上問題については慣習法上,そして評価問題については,利益はその実現でもって,それに対して損失はその原因の発生時点で計上されなければならない(EC第4号指令第31条1項c,aa,商法典第252条1項4号)という法律の文言から直接生じる」[32]点にある。しかもモクスターは,慎重原則にもとづけば,貸方計上に際し,「帯域幅(Bandbreite)の上限の金額を選択することが要

求される」[33]とも付け加える。

　以上のように，まず，「理性的な商人の判断」にもとづく見積範囲の具体化は事実問題であり，それに対して，見積範囲（帯域幅）の枠内でどの金額を最終的に引当額として選択するかは，いかなる基本思考（ここでは慎重原則と客観化原則）を重視するのかという法問題であるという。つまり，事実問題と法問題とに次元を区別して一括引当金の解釈問題を整理するのがモクスターの見解の特徴である。その限り，慎重原則は，EC指令や商法典にみられるごとく，客観化原則により限定されることは事実としても，これら2つの原則が対立する場合には，あくまで慎重原則に優先的地位を認めようとするのがモクスターの立場である。

（4）モクスターの「意見表明」

　最後に，ケルン財政裁判所の付託決定に対するモクスターの「意見表明」は，次のように要約される[34]。

　1．ケルン財政裁判所は，一括的な保証給付引当金がEC第4号指令により認められるか否かの問題を欧州裁判所に付託した。欧州裁判所が当該引当金の許容を肯定する場合，財政裁判所は追加的に，計上方法および評価方法，ならびに不可避な評価の裁量の余地の枠内で，最終的に重要な金額をだれが判断するのかを尋ねている。

　2．一括引当金の許容についてのケルン財政裁判所の「大きな疑問」は，個別評価原則の融通のきかない解釈にもとづくものである。すなわち，財政裁判所は，個別評価原則が，いわゆる一括評価の実施を決して除外するものでないことを見過ごしている。一括評価は，（たとえば，建物の一括評価のような）簡素化の理由により要求されることにとどまらない。一括評価の実施は，とりわけ，EC第4号指令によりつねに遵守されるべき慎重原則をつうじて強制される。とくに，一括的な貸倒償却および一括的な保証給付引当金の場合である。

　3．一括的な保証給付引当金は，次の点に関して客観化原則を満たさなければならない。すなわち，企業の経験ないし業種の経験から請求の確率が明確に

示される点，もしくは，それにみあう経験がない場合，それ以外の具体的な事実をつうじて，請求の確率が証明可能な点である。この命題は，最高裁判決に合致し，法的安定性が求められるがゆえに，EC第4号指令により侵害されることはない。それに対して，－慎重原則と客観化原則とを突き合わせて考える場合には－評価の裁量の余地，つまり債務額の帯域幅が客観化されれば十分である。

4．理性的な商人の判断を法律が指示していることをもって，客観化可能な評価の裁量の余地から，引当金額を規定する債務の額を最終的に選択するのは，唯一商人の行為であるとみなすことはできない。いかなる評価の裁量の余地が客観的基準にもとづき考慮されるのかという事実問題についてのみ，綿密かつ良心的な商人の見解が決定的となる。最終的に重要な引当金額にかかわる法問題については，今回の係争事例では，慎重原則に具現される法律上の基本思考を遵守しなければならない裁判官が権限を有している。

おわりに

以上の考察から明らかになった点は，次のようにまとめることができる。

第1に，DE＋ES事件の舞台が，税務問題を扱うケルン財政裁判所であったことが注目される。「実現原則」の解釈が争点になったTomberger事件は，民事・刑事を扱うBGHが舞台であった。これに対して，今回，「個別評価原則」の観点から一括引当金の許容に疑問を投げかけたのは，ケルン財政裁判所である。この事実をみる限り，欧州裁判所の先決的判決問題が，その対象を税務の場面で提起される問題にまで拡大させて進行していることが判明する[35]。

第2に，モクスターが，Tomberger事件に続いて，一括引当金を問題視するケルン財政裁判所の判断に異論を唱えた点は注目されよう。モクスターの意図は，ケルン財政裁判所とは異なり，とくに慎重原則ならびに真実性原則の観点から，一括引当金の許容の論理を導き出すことにあった。ただし，Tomberger事件の際にモクスターが強固に主張した，欧州裁判所の決定権限そのものに対する異議はもはや確認できない。つまり，モクスターの議論の立

て方には,変化が生じていることがわかる。その意味で,DE＋ES事件は,先決的判決問題がさらなる段階に進んだことを指し示す格好の事例であるといえよう。

【注】
1), 2) FG Köln [1997], S. 1166. なお,財政裁判所とは,各州に設けられた下級裁判所である。
3) *Ebenda*, S. 1166-1167.
4) Moxter, A. [1998], S. 269-272.
5), 6), 7), 8), 9), 10), 11) *Ebenda*, S. 270.
12) BHF-Urteil vom 22. 11. 1998, in: Moxter, A. [1998], S. 270.
13), 14), 15), 16), 17) Moxter, A. [1998], S. 270.
18), 19), 20), 21), 22) *Ebenda*, S. 271.
23) BHF-Urteil vom 17. 01. 1963, in: Moxter, A. [1998], S. 271.
24), 25) *Ebenda*, S. 271.
26) *Ebenda*, S. 271-272.
27), 28), 29), 30), 31), 32), 33), 34) *Ebenda*, S. 272.
35) もちろん,本章の第1節から明らかなように,ケルン財政裁判所が,今回の係争問題の判断はドイツ税法の適用ではなく,あくまでEC指令にもとづく商法規定の解釈にかかわるものである,と明言している点は留意する必要がある。

第11章　DE+ES判決にみる欧州裁判所の決定権限について

はじめに

ケルン財政裁判所による付託決定は，引当金をめぐる税務上のコンフリクトの判断を，欧州裁判所の先決的判決にゆだねるものであった。

その後，この訴訟手続きは実際，欧州裁判所レベルへと移行した。すなわち欧州裁判所法務官による1998年11月26日付の「最終意見書」を経て，1999年9月14日付で先決的判決が下されるという経緯を辿った。その過程で，このDE＋ES事件とよばれる事例は，Tomberger事件に後続する第2の先決的判決問題として，しかも税務の場面でのコンフリクトにまでその対象範囲を拡大させたものとして，大きな注目を浴びることになった。

本章の目的は，欧州裁判所による先決的判決（DE＋ES判決）の一連の経緯を整理し，そこでの論点を素描することである。

第1節　付託決定の内容と争点

1　係争の概要

まずは，DE＋ES事件の概要を必要な限り整理しておこう[1]。

原告であるDE+ES建設は，1993年度の法人税および事業税の算定に際し，保証給付義務に対して一括的な引当金の設定を希望し，その引当率として，補償部分を内包する売上額の2％（88,396マルク）を見積もった。それに伴い，DE＋ES建設は引当額相当分の税の免除を申請した。これに対しベルクハイム

税務署は，原告により申請された引当金の額に対して異議を唱えた。税務署は，売上額の0.5%を引当率として認めることを提案した。

こうした経緯のもとで，DE+ES建設はケルン財政裁判所に提訴し，売上額の2%，すなわち88,396マルクの保証給付引当金を認めるよう主張した。一方，ベルクハイム税務署はこれを受け入れず，業界の慣行を上回る引当率により一括引当金の設定を要望する企業は，過去において経験率を超える引当額が必要であったことを証明しなければならない，と主張した。つまり，税務署によれば，DE+ES建設（原告）はその点を十分に証明しておらず，したがって原告の訴えは却下されるべきという。

2　付託決定の内容

このような係争内容にもとづき，ケルン財政裁判所は，保証給付義務に対する一括引当金の税務上の許容問題を，欧州裁判所に先決的判決のために付託した。前章の繰り返しになるが，付託決定を確認しておこう。

「欧州経済共同体条約第177条にもとづき，欧州裁判所に以下の問題を先決的判決のために付託する。

1. 契約の履行のため，自社の従業員に加えて下請業者を動員した建設会社が，決算日の後にはじめて生じる保証給付義務に対する引当金を，特定の契約に存する個別の補償リスクを考慮した個別引当金としてではなく，補償部分を内包する売上額につき，一定のパーセンテージのもとに一括引当金として計上する場合，このことがEC第4号指令にかかわる貸借対照表計上規定に合致するかどうか？

2. 1.の問題を肯定する場合，いかなる要件のもとで，いかなるパーセンテージにより一括引当金の設定が認められるのか，また，必要な引当金額に関して疑義が生じる場合に，立証不能の欠陥をだれが補うのか？」[2]

すなわち，この付託決定をもって，ケルン財政裁判所は，保証給付義務に対する一括引当金に疑問を呈し，その許容がEC第4号指令に合致するか否かの判断を欧州裁判所にゆだねたのである。

3 付託理由

欧州裁判所への付託の理由に関して，ケルン財政裁判所は次のように説明している。すなわち，当該係争では，まず根拠のある例外的な場合にのみ離脱が認められるEC第4号指令ならびにドイツ法にいう「個別評価原則」に鑑み，一括引当金の設定には大きな疑問がある。原告たる企業が例外的な状況にあると仮定することができないからである[3]，と。つまり，個々の補償リスクにつき個別に引当金を設定するのではなく，当該リスクに対して一括的に引当金を設定することは，個別評価原則に矛盾するのではないかという問題提起である。しかも今回の事例は，個別評価原則からの離脱が認められるような，例外的な場合には相当しないという判断である。

また，他方で，ケルン財政裁判所は，次のような理由から引当金額の確定問題について，追加的に欧州裁判所に判断を求めた。それは，引当金額の見積りに際して，会社と税務署との主張に不一致が生ずることは当然である。確率の見積りが評価の裁量の余地を含むのは当然であり，その範囲内では，あらゆる評価結果は多かれ少なかれ妥当であり，ともかく誤りとはいえない。ただし今回の事例ではさらなる疑問が生じる。すなわち，一括的な保証給付引当金の必要額に関する訴訟上の欠陥を，いったい，だれが補うのかという問題である[4]。

したがって今回の判断は，引当金設定にかかわるEU法の解釈が問題となる。そのため，付託問題に対するEU法の適切な解釈が求められる。この問題に権限のある欧州裁判所に対して，先決的判決を求める[5]，と。

このように，ケルン財政裁判所により，EC第4号指令の解釈にかかわる2つの問題が先決的判決のために付託された。すなわち，第1は，一括引当金の許容がそもそもEC指令に定められた「個別評価原則」に抵触しないかどうかという問題であり，第2は，もし一括引当金の設定をEC指令に合致するもの

として認めた場合，だれが，どの程度のパーセンテージ（金額）まで引当金の許容を判断するのか，という問題である。

第2節　一括引当金問題に対する欧州裁判所レベルの判断

1　欧州裁判所法務官の見解

欧州裁判所の先決的判決に先だって，1998年11月26日付で，欧州裁判所の法務官により「最終意見書」が呈示された。法務官の「最終意見書」は次のようになっている。

「ケルン財政裁判所から付託された問題について，次のように回答するよう欧州裁判所に提案する。
1. 有限会社の形態をとる建設会社が，決算日以前に生じるものの，その影響が決算日の後に明らかとなる保証給付義務に対する引当金に関し，個々の特定の契約に存する補償リスクを考慮した個別引当金としてではなく，むしろ補償部分を内包する売上額につき一定のパーセンテージで一括引当金として設定することを，EC第4号指令は禁じるものではない。
2. 直接税の算定基礎の測定に関する国内規定は調和化されておらず，したがって，税務上の引当金の控除能力を規制する権限はもっぱら加盟国にある。」[6]

この「最終意見書」をつうじて，法務官により2つの見解が示されることになった。すなわち，第1に，保証給付義務に対する一括引当金の設定は，EC第4号指令に抵触するものではないという点である。なお，法務官は，この点に加え，「理由」を示した部分において，一括引当金の計上義務が，真実性原則や慎重原則の遵守につながることを指摘している[7]。

第2は，税法の解釈は争点ではなく，したがって引当金の税務上の許容限度

額の判断は，加盟国にその権限があるという点である。法務官の見解は，EC第4号指令が直接税の算定にかかわる原則を何ら有しておらず，そのため，引当金の評価規準はEU法の適用範囲に含まれないというものである。

2 欧州裁判所の先決的判決

法務官の「最終意見書」の後，1999年9月14日付で欧州裁判所の先決的判決が下された。すなわち，欧州裁判所は，ケルン財政裁判所による付託決定に対して次のように回答した。

「EC第4号指令は，原審におけるように，決算日以前に法的に生じるものの，その結果が決算日の後にはじめて明らかになる潜在的保証給付義務に対して，引当金の設定を指示している。その種のすべてのリスクに対して，本事例のように，控除すべき費用額の実質的諸関係に合致する写像を与えるのに適切な方法である場合，引当金は一括して設定されなければならない。引当金額の評価のための方法および規準を独自に包含するEU法規が存在しないため，年度決算書が会社の財産状態，財務状態および収益状態の実質的諸関係に合致する写像を伝達し，会社により必要な金額をもってのみ引当金が評価されることを条件に，当該引当金は，加盟国それぞれの規則に定められた要件の枠内で確定されなければならない。」[8]

このように，欧州裁判所の判断は，一括引当金の設定がEC指令により許容されるという趣旨のものである。したがって，この判断は，法務官による「最終意見書」の見解と異なるものではない。むしろ，それに沿ったものといえる。

3 欧州裁判所の判断理由
（1）一括引当金の計上問題
まず，一括引当金の設定がEC第4号指令およびドイツ法に定められた「個別評価原則」に抵触しないかという問題についてである。これに関しては，以

下に示す「理由」の24.～34.で言及されている。

「24. EC指令第20条1項によれば，貸借対照表の貸方に引当金を表示する義務が存在する。この規定の文言から，指令が保証給付引当金の貸方計上を指示していることが読み取れる。その場合，性質が厳密に限定されており，発生の確率が高いものの，その金額もしくは発生時点に関して不確定な債務が対象となる。

25. ドイツの政府が主張したように，その種の保証給付義務は，修繕作業の実施，特定のサービスの取替え，支払価格の引き下げ，特定の給付の不履行ゆえの損害賠償といった債務を生じさせるかもしれない。かりに，この保証給付リスクのいくつかが生じるだけであっても，それは会社が逃れることのできない債務である。その結果，こうした潜在的債務は，会社が義務を負うべきかどうか，そしてどの範囲まで負うのか，またはどの位の金額になるのかを説明できなくとも，貸方計上されなければならない。

26. EC指令第20条をそれ以外に解釈することは，こうした潜在的債務が貸借対照表に反映されず，資産が過大評価されるという結果を招くであろう。こうした帰結は，同指令第31条1項cにもとづき遵守されるべき慎重原則に抵触する。しかも，その遵守がEC指令の主要目的とされる真実性原則にも抵触するであろう（Tomberger判決を参照）。真実性原則によれば，指令が適用される会社の年度決算書は，当該会社の財産状態，財務状態および収益状態の実質的諸関係に合致する写像を伝達しなければならない。

27. さらに，真実性原則は次の点を要請する。それは第1に，年度決算書が会社の活動および事象を写し出すこと，第2に，会社の利益を損なうことなく，信頼可能なかつ適切な方法で第三者の情報ニーズを満足させるような記載が行われることである。

28. したがって，原審と同様，保証給付リスクが個々に評価されなければならないのか，すなわちすべての保証給付リスクに対して個別に引当金が求められるのかどうかが調査されなければならない。

29. これとの関連において，EC第4号指令第31条1項eは，借方項目および

第11章　DE+ES判決にみる欧州裁判所の決定権限について　151

貸方項目が個別に評価されるべきことを定めている。この規定は，同指令第20条1項にいう引当金に対しても適用される。

30. ただし，EC第4号指令第31条1項eの個別評価原則は絶対的なものではない。つまり，同条2項によれば，例外的な場合において離脱が認められている。

31. EC指令においては，何を「例外的な場合」と理解すべきかについて言及がない。そのため，この表現は，指令でもって追求される目的に照らして解釈される必要がある。それによれば，指令の対象となる会社の年度決算書は，会社の財産状態，財務状態および収益状態の実質的諸関係に合致する写像を伝達しなければならない（Tomberger判決を参照）。

32. 第31条2項にいう例外的な場合とは，つまり，当該会社の財務状態の実質的諸関係に可能な限り合致する写像を伝達しないケースである。

33. 既述したように，原審で争われた保証給付リスクは，金額もその発生時点も明らかでない潜在的債務を意味する。すべての保証給付リスクに対して個別に引当金を設定することは，会社の財務状態に関する写像を歪めることになり，それは，真実性原則に矛盾するであろう。

34. もし引当金の一括評価が，原審と同様に，貸方項目として計上されるべき費用額に関する実質的諸関係に合致する写像を与えるために適切な方法なら，その種のリスクすべてに対して一括的に引当金が設定されるべきことが推定される。」[9]

以上，やや長きにわたる引用となったが，つまり，欧州裁判所により，一括引当金が設定されなければ，それは慎重原則に離反するばかりか，その遵守がEC指令の主要目的とされる真実性原則にも抵触するおそれがある，と表明されたことになる。その際，一括引当金の計上を認めるには，「例外的な場合における離脱規定」（EC第4号指令第31条2項）を援用する必要があり，その限りにおいて「個別評価原則」は後退せざるを得ないという判断である。しかも，ここでの判断に際し，欧州裁判所が真実性原則を導き出した先例のTomberger判決に依拠している点は注目される。

(2) 一括引当金の許容額の判断問題

次に,一括引当金を設定する際の引当率確定の問題である。この問題に対する欧州裁判所の立場は,「理由」の35.の部分で明確にされている。すなわち,「35. 一括引当金の金額の計算に取り組むことに関して－ドイツの政府が述べたように－,EC指令は,いかなる要件で,いかなる評価規準にもとづき,そしていかなるパーセンテージで一括引当金の設定を認めるのかについて明言していない点が確認されなければならない」[10],と。

つまり,欧州裁判所の回答は,一括引当金の許容範囲の問題について,その引当率に関しEC第4号指令には明確な言及がないことを指摘するにとどまるものである。したがって,保証給付リスクに対する一括引当金の設定について,あらかじめ一定のパーセンテージを確定することはできないと欧州裁判所は判断した。これは結果として,引当金の評価規準の具体化に関して,各加盟国,もしくは国内の裁判所にその権限があることを含意する。

おわりに

以上,まずもって確認すべきは,ドイツの一括引当金の是非をめぐるDE＋ES判決が,Tomberger判決に引き続く第2の先決的判決の事例として現実のものになったという点である。すなわち,DE＋ES判決をつうじて,欧州裁判所の決定権限が,とくに利益決定面に及ぶことがあらためて示される形となった。しかも,ケルン財政裁判所における係争という,税務の場面でのコンフリクトがその対象とされた点は特筆すべきである[11]。

EU法を起源とするドイツ法の解釈問題については,疑義が生じる場合,加盟国の上級裁判所は先決的判決に関する付託義務を有し,下級裁判所には付託する権利が付与されている[12]。会計問題が生じた場合,欧州裁判所とドイツの裁判所のいずれが判断主体とみなされるのか。この問いに対する回答は,判例の積み重ねに伴い,次第に明らかになっていくであろう。

第11章 DE+ES判決にみる欧州裁判所の決定権限について

【注】
1), 2), 3) FG Köln [1997], S. 1166.
4), 5) *Ebenda*, S. 1167.
6) EuGH [1998], S. 9.
7) *Ebenda*, S. 3.
8) EuGH [1999], S. 8.
9) *Ebenda*, S. 5-7.
10) *Ebenda*, S. 7.
11) ただし，DE＋ES判決により，ケルン財政裁判所によりその妥当性を疑われた一括引当金の計上が，結果的には，欧州裁判所の先決的判決をつうじて容認されたという側面を見逃すわけにはいかない。すなわち，争点の一括引当金が，EUレベルで認証されたという事実である。つまり，先決的判決の場合，欧州裁判所と加盟国の裁判所の判断が異なるという深刻な事態も想定されるが，その一方では，加盟国の会計慣行が先決的判決をつうじてEUレベルで認定されていく可能性も存在するといえよう。
12) Hoffmann, W.-D. [1999a], S. 1086. また，Hoffmann, W.-D. [1999b], S. 1686-1688. においてもDE＋ES判決に対する注釈がある。

第12章　BIAO判決にみるドイツ会計の国際的側面

はじめに

　欧州裁判所の先決的判決問題は，ドイツ会計制度にとりEUの枠組みを意識させる非常に重要な側面を有している。それは，まさに係争の場面で，ドイツ会計規準の欧州的側面を浮かび上がらせる問題である。とくに個別の会計処理をめぐって，Tomberger判決，DE+ES判決，そして最新のBIAO判決（2003年1月7日）へというように，これまでに3つの判例が積み重なってきた。

　ドイツの会計問題が先決的判決の対象となる場合，欧州裁判所の決定権限がいかなる範囲にまで及ぶのか，いまなお未決定な部分が多い。しかもドイツの場合，基準性原則の存在ゆえに，商法会計だけではなく税法会計への影響を視野に入れなければならない。EC指令と加盟国の国内規準との整合性を問う先決的判決の動向は，EU統合の深化につれて，今後ますますクローズアップされることになろう。

　本章の目的は，ドイツの先決的判決問題としては第3の，そして最新のBIAO判決の論点を明らかにすることである。これにより，ドイツの裁判所と欧州裁判所との間で，権限の配置問題が現実化している，会計国際化のシビアな側面を浮き彫りにしたい。

第1節　ハンブルク財政裁判所の付託決定

1　係争の概要

　BIAO判決は，2003年1月7日付で下されたものである。この係争は，フランス法に服するBIAO銀行[1]（原告）とドイツのハンブルク税務署（被告）とが訴訟当事者になっている。したがって，BIAO判決という呼称は，原告の社名に由来する。

　パリに所在するBIAO銀行は，BIAO-Africa銀行と称する支社をハンブルクに有していた。なお，当該支社は資本会社形態ではなく，またその業務は途上国への貸付に特化していた。ここでは，BIAO-Africa銀行が1989年度の決算書に計上した引当金の税務上の許容が争点になっている。当該引当金の可否の判断において，直接問題となるのは，BIAO-Africa銀行が支払うべき1989年度の事業税の額である。

　ここで前提となる国外向け信用リスクは，BIAO-Africa銀行がドイツのBHF銀行[2]と1987年に締結した投資協定に係るものである。BHF銀行は，ニューヨークの支社をつうじて南米チリの国営採掘会社[3]に貸付を行っており，過日，BHF銀行がその信用リスク分散のための措置をBIAO-Africa銀行に申し出，両行の間で契約が結ばれていた。

　チリ国営採掘会社への貸付金に対するBIAO-Africa銀行の部分関与は，総計約255万マルク，すなわち同行の貸借対照表総額の約6％に相当していた。そこで，BIAO-Africa銀行は1989年度の貸借対照表において，当該部分関与分（255万マルク）のおよそ25％，すなわち63万8千マルクをチリのカントリー・リスクに係る「未決取引から予想されるべき損失に対する引当金」（EC第4号指令第20条1項，商法典第249条1項1文）として一括的に計上した。

　この場合，チリ国営採掘会社は，1989年にBHF銀行に対して期限どおり借入金の返済を行っていた。ただし，BIAO-Africa銀行の回収分がBHF銀行から送金されたのは1990年4月27日の時点，つまりBIAO-Africa銀行の1989年度の

決算日（1989年12月31日）の後であった。

当時，事業税の管轄であったハンブルク西税務署は，争点の引当金を否認し，1993年11月の決定でもってBIAO-Africa銀行に対する事業税の額を引き上げた。これに対して，本社のBIAO銀行は異議を申し立てたが，ハンブルク西税務署はそれを受け入れなかった。そのためBIAO銀行は，法人部門の管轄を有するハンブルク税務署を被告とし，ハンブルク財政裁判所（FG Hamburg）に提訴した[4]。

2　付託決定

こうした経緯のもとで，ハンブルク財政裁判所は，1999年4月22日付で欧州裁判所に先決的判決を求める判断を下した。付託決定の内容は次のようになっている。

「Ⅰ．欧州裁判所の決定権限について

欧州経済共同体条約第177条（現第234条）にもとづく先決的判決手続きにおいて，EC第4号指令の解釈に関し，資本会社に対する国内商法規定（ドイツ商法典第264条以下）の指令に合致した解釈にかかわる疑義の場合に限らず，次の場合であっても，欧州裁判所が権限を有するのかどうか？
1. EC第4号指令の前文および第2条に掲げられる"true and fair view"命令がかりに法の条文に継承されていなくても，指令の転換に際し，すべての商人に対して適用される国内商法規定（商法典第238条以下）にEC第4号指令の内容が継承された場合，
2. 国内の税法（ドイツ所得税法第5条1項およびそれに関連する法人税法第8条1項）が，貸借対照表を作成する商人の利益決定にかかわって，商法上の正規の簿記の諸原則（GoB）の基準性を前提とする場合，そして
    a）当該基準性が（会計指令法をつうじて）調和化されたすべての商人に対する規定（第238条以下）に定められている場合，または

b) 資本会社に対する固有の規定（第264条以下）に該当する場合，
3．国内税法が，それ以外の文脈において，商法上の概念もしくは規範に関連する場合。

Ⅱ．信用リスクの会計処理について
1．保証された国外向けの貸付の場合，カントリー・リスクが価値修正的に，貸借対照表に計上されるべきかどうか。すなわち，カントリー・リスクが―国外向け債権に対する減額記入による借方側と同様に―，貸方側でも，国外向け債権に対する手形保証もしくは補償による，差引勘定の偶発債務引当金をつうじて把握されるべきかどうか？
2．個別のケースにおいて，貸倒れの蓋然性が想定されない場合であっても，純粋な個別価値修正ないし個別引当金に代えて，選択的に，リスクを一括価値修正もしくは一括引当金をつうじて認識することが，要求される貸借対照表項目の個別評価と調和するのか。
    a) 緊急ではなく，たんに潜在的な支払不能のリスクが一括的な価値修正をつうじて把握可能かどうか，すなわち，債権の場合の減額記入の形だけではなく，偶発債務引当金という形で把握可能かどうか？
    b) 蓋然性の想定されないカントリー・リスクが，国別の一括的な価値修正をつうじて把握可能かどうか，すなわち，債権の場合の減額記入の形だけではなく，偶発債務の場合の引当金という形で把握可能かどうか？
3．カントリー・リスクを，独自の関係，経験および情報にもとづき，もしくは業種別の見識をつうじて，または格付表にもとづき，あるいは当該方法の組み合わせにより，あるいはそれ以外の評価方法でもって評価することが認められるのか，または命ぜられるのか？
4．以下の場合に，リスクの評価が認められるのか？
    a) 対象となる取引の締結の際にすでにリスクが存在していた場合，

そして
  b）当該取引から稼得される利益および収益よりも，リスクの額がはるかに大きい場合
5．カントリー・リスクおよび支払能力リスクが，場合によっては，同一の貸付の場合，相互に，価値修正または引当金を用いて考慮されるべきか，その場合，1つの金額かもしくは区別された金額か？
6．リスクの備えのための組み合わせが，あるリスクが個別に測定され，それ以外のリスクが一括的に測定される場合にも認められるのか？
7．重複のリスクの備えが，リスクの考慮にもとづき，計算上縮小された貸付額まで，残存するそれ以外のリスクの測定の基礎となることで実際に回避されるのか？

Ⅲ．決算日認識について
1．EC第4号指令第31条1項c, bb（商法典第252条1項4号）の文言を超えて，リスク増大の場合だけではなく，リスク縮小の場合でも，決算日に認識されるべきものとして考慮されるべきか？
2．決算日と貸借対照表作成日との間の貸付金の減少が，償却年度に影響を及ぼす価値に影響する事象にとどまらず，（遡及的に）決算日に認識されるものとみなされるのか？
3．当該企業にとり比較的わずかな意義を有するにすぎないリスクの決算日認識の場合，年度決算書の確定もしくは署名までの期間の代わりに，どの日付で，当該貸借対照表項目の評価が完了したとみなせばよいのか？」[5]

このように，ハンブルク財政裁判所による付託決定の主文は非常に長きにわたるものである。もっとも，その内容は概して次の3点に要約できる。
　第1は，欧州裁判所の決定権限が，資本会社以外の法形態に対する規定の解釈に，さらには商法だけではなく税法の領域にかかわる問題に及ぶのかどうか，

という問題である（Ⅰ．欧州裁判所の決定権限について）。

　第2は，BIAO-Africa銀行が行った信用リスクに係る会計処理，とくにカントリー・リスクに対する引当金を一括的に計上することが，EC第4号指令および商法典にいう「個別評価原則」に抵触するのかどうか，という問題である（Ⅱ．信用リスクの会計処理について）。

　第3は，決算日の後に生じた貸付金回収の認識について，EC第4号指令第31条1項c, bb（商法典第252条1項4号）の文言を超えて，貸倒リスク減少にみあう引当金の遡及的な評価替えが可能かどうか，という問題である（Ⅲ．決算日認識について）。

第2節　欧州裁判所レベルの判断

1　欧州裁判所法務官の見解

　欧州裁判所の先決的判決に先だって，2001年11月15日付で欧州裁判所法務官の「最終意見書」が公表された。法務官の見解は，次のようになっている。

　「私の結論は次のようである。ハンブルク財政裁判所により付託された問題への正しい回答は，国内規定を介して適用可能なEU法規の適用領域に属さない人および事物に対して，欧州裁判所がその解釈に対する権限を有しないと判断することである。」[6]

　このように，法務官の見解は，争点となる引当金問題の解釈以前に，当該係争に対して欧州裁判所の決定権限を否定する内容になっている。

　この判断は，次の3つの観点からもたらされている。第1に，BIAO-Africa銀行のような会社形態が，係争当時，EC第4号指令の適用対象外であった点，第2に，当該係争は，EC第4号指令の対象とはならない税務上の引当金を対象にしているという点，そして第3に，EC第4号指令は，国内法上の複合的な規定の指示群をつうじてのみ有効になるという点である[7]。

2 欧州裁判所の先決的判決

以上のような，欧州裁判所の決定権限を否定する法務官の「最終意見書」に対して，欧州裁判所がどういう判断を下すのかが注目された。

2003年1月7日付で欧州裁判所が下した先決的判決は，次のような内容である。

「1. 先決的判決問題の第2および第3の部分に含まれる，一定の法形態の会社の年度決算書に関するEC第4号指令の解釈問題は認められる。

2. EC第4号指令は，問題となる損失または債務が決算日に蓋然的もしくは確実に認定される限り，第20条1項にいう予想されるべき損失または債務が，同指令第14条にもとづく貸借対照表に記載される義務にもとづき，貸借対照表の貸方に引当金として表示されることを排除するものではない。

3. 原審のような状況では，決算日の後に実現する（貸借対照表項目の評価が焦点となる）貸付に対する弁済は，当該債権に関連し貸借対照表の貸方に表示される引当金の遡及的評価替えが求められる事態ではない。ただし，実質的諸関係に合致する写像原則の遵守は，年度決算書において，当該引当金で把握されるリスクの減少への言及を要求する。」[8]

したがって，欧州裁判所が下した判断は次のようにまとめられる。まず，当該係争問題の判断にあたり，欧州裁判所の決定権限をあらためて確認するものであった。これにより，資本会社以外の法形態の会社に対する国内規定の解釈問題に対しても決定権限が明示された。しかも，所得税法第5条1項にいう基準性原則をつうじて，商法規定が税務上の利益決定の基準とみなされる限り，税法会計の領域にも決定権限が及ぶという判断が下った[9]。

また，争点の信用リスク（カントリー・リスク）に係る引当金に関して，その計上がEC第4号指令に抵触するものではないこと，さらに，慎重原則および真実性原則の遵守のために引当金を一括的に評価することも可能であると判

断された[10]。

さらに、決算日後の貸倒リスク減少の認識にかかわって、引当金の遡及的評価替えが求められるか否かの問題に関しては、当該係争事例について、評価替えを命じる状況ではないと判断された[11]。

3 BIAO判決の持つ意味

BIAO判決は、税務の場面での係争を扱う（ハンブルク）財政裁判所を舞台に提起されたこと、そして信用リスクの処理にかかわって、やはり一括引当金の計上問題を取り扱ったという意味で、DE+ES判決に引き続くインパクトを備えた事例であった。しかも、当事者のBIAO-Africa銀行は資本会社形態ではなく[12]、これに起因してBIAO判決では、資本会社以外の会社に対する国内規定の解釈問題にまで争点の範囲が拡大した。

加えてBIAO判決では、「理由」の部分において、ごくわずかにしろIASへの言及がなされていることに注目しなければならない[13]。すなわち、「（ドイツ）国内実務は、近年、傾向的にいっそう国際的な会計基準、すなわちIASに歩み寄っていることを指摘しなければならない。」[14]「EC指令に詳細な規定が欠如している場合、同指令に定められた一般原則をつねに遵守することを前提に、リスクの評価は―場合によっては、目下、原審の対象事例に適用されるIASを考慮したうえで―国内法にもとづき実施されなければならない」[15]という言及である。こうした事実は、欧州裁判所の先決的判決をめぐって、その解釈原理に間接的ではあるにせよIASが加わる可能性を示唆するものである。

なお、BIAO判決の概略を、これまでの先決的判決の事例も含めた形で示すならば、**図表12-1**のようになる。

おわりに

本章の目的は、BIAO判決の一連の経緯を整理し、そこでの論点を明確にすることであった。この分析により、先決的判決問題が、Tomberger判決からDE+ES判決、そしてBIAO判決へと着実に進行していることが明らかとなっ

第12章 BIAO判決にみるドイツ会計の国際的側面 *163*

図表12-1 欧州裁判所の先決的判決問題の概略

名称	付託裁判所	訴訟当事者	争点のEC指令およびドイツ規定
Tomberger判決 (1996年6月27日, 1997年7月10日)	連邦通常裁判所(BGH) (1994年7月21日)	原告:Tomberger女史 被告:Wettern社	実現原則 　EC第4号指令第31条1項c,aa 　商法典第252条1項4号
DE+ES判決 (1999年9月14日)	ケルン財政裁判所 (1997年7月16日)	原告:DE+ES建設 被告:ベルクハイム税務署	保証給付引当金 　EC第4号指令第20条1項 　商法典第249条1項1文 個別評価原則 　EC第4号指令第31条1項e 　商法典第252条1項3号
BIAO判決 (2003年1月7日)	ハンブルク財政裁判所 (1999年4月22日)	原告:BIAO銀行 被告:ハンブルク税務署	カントリー・リスク引当金 　EC第4号指令第20条1項 　商法典第249条1項1文 個別評価原則 　EC第4号指令第31条1項e 　商法典第252条1項3号 決算日後の事象認識 　EC第4号指令第31条1項c,bb 　商法典第252条1項4号

た[16]。しかも，欧州裁判所の先決的判決問題は，資本会社固有の問題にとどまらず，それ以外の会社の個別決算書領域へ，また商法会計をめぐる問題から一定の範囲で税法会計の領域へと，その対象範囲を拡大させてきている。この限り，ドイツ会計規準の欧州的側面に起因して，ドイツの裁判所と欧州裁判所間の決定権限の配置問題が，とくに利益決定の側面にインパクトを与えながら進展しているとみることができる。

また，BIAO判決では，わずかな部分にしろIASへの言及がみられる点が注目される。この事実は，EC指令とドイツ規準の整合性の問題だけではなく，IASとEC指令，さらにはIASとドイツ規準との関係まで視野に入れた重層的な解釈問題が，欧州裁判所を舞台に繰り広げられる可能性を示唆している。EUでは，2005年以降を目指して，IASへのさらなる接近が予定されている。このEUの動向をみるとき，先決的判決という側面を介した，IAS問題浮上の可能性も視野に入れる必要があるのかもしれない。

【注】
1) BIAO銀行の正式名称は，Banque Internationale pour l'Afrique Occidentale SAである。
2) BHF銀行の正式名称は，Berliner Handels-und Frankfurter Bank KGaAである。
3) チリ国営採掘会社の正式名称は，Corporación nacional del cobre de Chileである。
4) EuGH [2003], S. 8-10.
5) FG Hamburg [1999], S. 1022, 1026 und 1033.
6) EuGH [2001], S.16.
7) Grotherr, S. [2003], S. 426.
8) EuGH [2003], S. 21.
9) この点，ハンブルク税務署の主張は，欧州裁判所の決定権限自体を否定するものである。そこでは，第5条1項においてGoBへの指示を定める所得税法は，1934年以来有効とされてきた法律であり，そのため，EU法とは何ら関連性を有しない。すなわち，EC第4号指令が変換されたものではない，と主張された (EuGH [2003], S. 14.)。

　また，このBIAO判決の内容は，2000年3月28日付のBFH判決 (Ⅷ R 77/96) の趣旨とは明らかに異なっている。BFH判決では，とくに非資本会社の引当金の税務上の許容問題に対して，欧州裁判所への付託が否定されていた (BFH [2000], S. 1442.)。
10) EuGH [2003], S. 19-20.
11) *Ebenda*, S. 20.
12) 訴訟の対象となった事件当時，加盟国は，BIAO-Africa銀行のような会社形態にEC第4号指令を適用させる義務を負っていなかった。同指令は資本会社のみをその適用対象としていた。ところが，EC指令の変換を機に創設された商法典第三編は，指令の適用範囲を超えて，すべての商人に対する規定を含むものとなった。このドイツ流の立法対応が，結果として，先決的判決問題をさらに複雑なものにしている。
13) ハンブルク財政裁判所による付託決定においても，IASへの言及は少なからず確認できる。たとえば，IAS第1号「財務諸表の表示」やIAS第10号「後発事象」に関する部分である (FG Hamburg [1999], S. 1023 und 1027.)。これは，ドイツの裁判所によるIASの参照傾向が，そのまま欧州裁判所にも持ち込まれつつあることを意味しているのかもしれない。
14) EuGH [2003], S. 14.
15) *Ebenda*, S.15.
16) なお，BIAO事件については，現時点でドイツ国内の裁判所による結審は確認できない。DE＋ES事件（第10章および第11章を参照）についても同様である。

補章（Anhang）
Die Weiterentwicklung des japanischen Rechnungswesens*

1. Einleitung

Das japanische Rechnunswesen ist seit einigen Jahren in Bewegung. Durch die Globalisierungstendenzen der Kapitalmärkte haben sich starke Veränderungen im Bereich der Rechnungslegung ergeben. In diesem Zusammenhang steht in Japan zur Zeit die mögliche Anpassung der nationalen Vorschriften an internationale Normen im Zentrum der Diskussion.

Der vorliegende Aufsatz hat das Ziel, einen Überblick über die rechtlichen Grundlagen und die Besonderheiten des japanischen Rechnungswesens zu geben und sie mit den Reformbestrebungen in Deutschland zwecks Anpassung an die internationalen Rechnungslegungsregeln zu vergleichen. Dabei möchte ich mich auch mit der Normsetzung von Rechnungslegungsregeln (Standardsetting) und dem befreienden Konzernabschluss beschäftigen.

---

* Überarbeitete Fassung des Vortrags, den der Verfasser am 5. 7. 2000 im Doktorandenseminar von Prof. Dr. Dr. h. c. Jörg Baetge, Direktor des Institut für Revisionswesen (IRW) der Westfälischen Wilhelms-Universität Münster gehalten hat. Für die freundliche Unterstützung bei der Erstellung dieses Aufsatzes möchte ich Herrn Dr. Wilfried Bechtel, ehemaliger Mitarbeiter des IRW, ganz herzlich danken. Große Teile dieses Aufsatzes wurden innerhalb des Beitrags "Inami/Bechtel, Die jüngsten Reformen der Rechnungslegung in Japan, IWB 2000, S. 993-1008." in Deutschland veröffentlicht.

2. Rechtliche Grundlagen der Rechnungslegung in Japan

2.1. Dreiecksystem des japanischen Rechts

Rechtliche Grundlagen der Rechnungslegung in Japan sind drei Rechtsquellen:
- das Handelsgesetz (JHG),
- das Wertpapierhandels- und Börsengesetz (JBörsG),
- das Körperschaftsteuergesetz (JKöStG).

Abbildung 1: Die Rechtsquellen der Rechnungslegung im Dreiecksystem

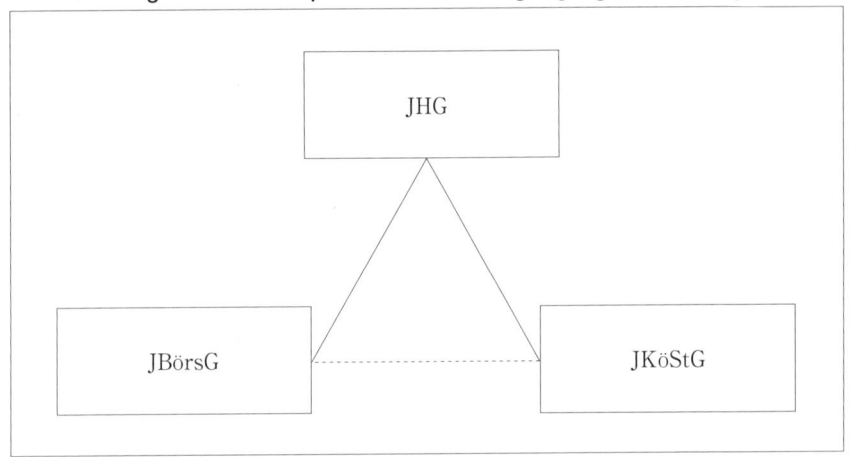

```
           ┌──────────┐
           │   JHG    │
           └────┬─────┘
               /\
              /  \
             /    \
            /      \
   ┌────────┐      ┌────────┐
   │ JBörsG │------│ JKöStG │
   └────────┘      └────────┘
```

Diese drei Rechtsquellen bilden zusammen ein Dreieck, wie dies **Abbildung 1** zeigt, das in Japan zur Bezeichnung "Dreiecksystem" (Triangular (Legal) System) geführt hat.

Inhaltlich regeln diese drei Gesetze zwar unterschiedliche, aber voneinander abhängige Sachverhalte, so dass die drei Gesetze aufeinander abgestimmt sein müssen. In diesem Dreiecksystem nimmt das JHG aus der Sicht des Rechnungswesens formal eine zentrale Stellung ein, so dass das Dreieck hierarchischen Charakter hat:

(1) Sowohl das JHG als auch das JBörsG begründen eine Aufstellungspflicht für

Jahresabschlüsse. Aber inhaltlich weisen die handels- und börsengesetzlichen Bilanzen in der Regel weder in der Bilanz noch in der Gewinn- und Verlustrechnung Unterschiede auf (materielle Identität).

(2) Ferner ist der nach dem JHG ermittelte Gewinn maßgeblich für die Besteuerung nach dem JKöStG.[1]

Eine direkte Relation zwischen JBörsG und JKöStG besteht nicht, so dass die Basis des Dreiecks in **Abbildung 1** nur gestrichelt dargestellt ist. Gleichwohl besteht eine indirekte Beziehung, wie in Abschnitt 3. 2. noch gezeigt wird.

Nach Arai/Shiratori ist die Existenz des Dreiecksystems in Japan zum einen in der Entstehungsgeschichte des japanischen Wirtschaftsrechts und zum anderen in der Zwecksetzung der externen Rechnungslegung begründet.[2] Die Besonderheit der Entstehungsgeschichte ist darin zu sehen, dass sich der japanische Gesetzgeber einerseits bei der Einführung des JHG im Jahre 1890 am damaligen deutschen Handelsrecht orientierte und andererseits im Jahre 1948 das amerikanische Recht ("Securities Act" von 1933 und "Securities Exchange Act" von 1934) für das JBörsG zum Vorbild nahm. Charakteristisch für das japanische Rechnungs-

Abbildung 2: Die Zuordnung von Zweckfestsetzungen zu den Rechtsquellen im Dreiecksystem

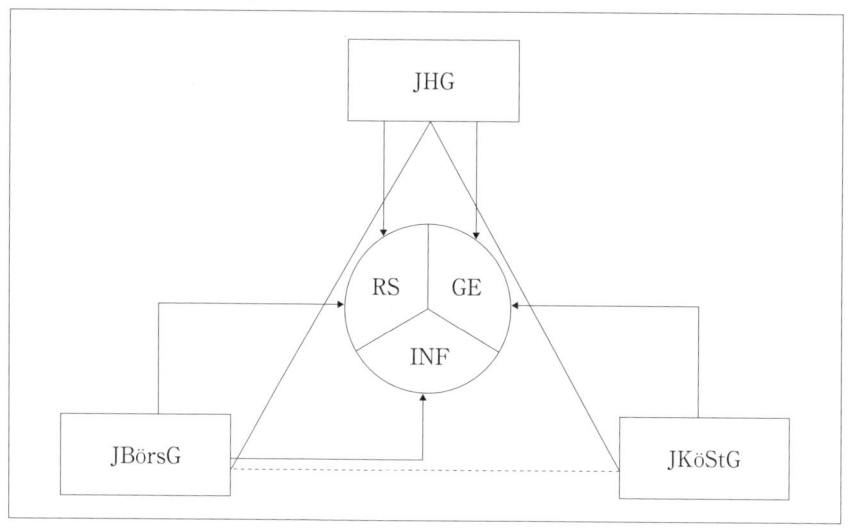

legungssystem ist somit, dass zwei verschiedene Rechnungslegungskonzeptionen parallel bestehen: Das deutsche Handelsrecht und das US-amerikanische Kapitalmarktrecht.

Die jeweilige Zwecksetzung der verschiedenen Rechtsquellen der externen Rechnungslegung ist nicht einheitlich. Generell lassen sich drei Zwecke unterscheiden: Rechenschaft (RS), Gewinnermittlung für die Berechnung von Ausschüttungen und Steuern (GE) und Informationsgewinnung für Entscheidungen der Investoren (INF).

In **Abbildung 2** sind diese drei Zielbereiche als Kreissegmente dargestellt, in die Pfeile aus jeweils den Rechtsquellen münden, für die der Zielbereich relevant ist. Man erkennt, dass ein Rechtsbereich mehr als einem Ziel dienen soll, also Kombinationen von Zielbereichen in einzelnen Vorschriften bestehen können. So orientiert sich das JHG vorrangig an dem Rechenschafts- und dem Gewinnermittlungszweck, dass JBörsG an dem Rechenschafts- und dem Informationszweck und das JKöStG an dem Gewinnermittlungszweck.

Einige wichtige Aspekte dieser gesetzlichen Regelungen sind in **Tabelle 1** zusammengestellt und werden im Folgenden besprochen.

Tabelle 1:	Überblick über die rechtlichen Grundlagen der Rechnunslegung in Japan		
Aspekte/Gesetz	JHG	JBörsG	JKöStG
Anwendungsbereich	Alle Kaufleute	Börsennotierte Unternehmen u.a.	Alle Gesellschaften
Ministerielle Zuständigkeit	Justiz	Finanzen	Finanzen
Art des Abschlusses	Bis 31. 3. 2003 Einzelabschluss Ab 1. 4. 2003 Einzel-und Konzernabschluss	Einzel-und Konzernabscluss	Einzelabscluss
Zweck der Abschlussinformationen	Offenlegung und Ausschüttung	Offenlegung	Besteuerung
Prüfungspflicht durch Wirtschaftsprüfer	ja, wenn groß	ja	-

補章（Anhang） *169*

Als wichtige Aspekte sehe ich bei diesen Regelungen an:
- den Anwendungsbereich,
- die politischen Zuständigkeiten in den Ministerien,
- die Arten des Abschlusses nach Einzelunternehmen oder Gruppen,
- die Zwecke der Abschlussinformationen,
- die Prüfungspflicht durch Wirtschaftsprüfer.

2.2. Wichtige Aspekte des Handelsgesetzes

Das JHG gilt - wie in Deutschland das HGB - für alle Kaufleute. Die Fachkompetenz für den Inhalt und die Überwachung der Einhaltung des JHG liegt beim Ministerium der Justiz.

Das JHG hat sich bisher im Gegensatz zu dem deutschen HGB auf Vorschriften für Einzelabschlüsse beschränkt. Aber mit der JHG-Reform 2002 müssen die großen Gesellschaften, die nach dem JBörsG einen Wertpapierbericht (Yuka Syoken Hokokusyo) aufstellen müssen, ab dem Geschäftsjahr 2003 handelsrechtlich zu Offenlegungszwecken Konzernabschlüsse aufstellen (Vgl. **Tabelle 1**). Die Normen unterscheiden zwischen allgemeinen Vorschriften (§§ 32 - 36 JHG), die für alle Unternehmen gelten, und speziellen Vorschriften (§§ 281 - 295 JHG) für Aktiengesellschaften. Die speziellen Vorschriften können auch für Unternehmen mit anderer Rechtsform gelten, z. B. für die japanische Gesellschaft mit beschränkter Haftung (JGmbH). In Spezialgesetzen, z. B. dem Gesetz für die Gesellschaften mit beschränkter Haftung, wird in diesen Fällen auf das JHG verwiesen.

Generell sind die Vorschriften im JHG weniger konkret formuliert als im deutschen HGB. Z. B. ist das Anschaffungskostenprinzip als Obergrenze der Anschaffungs- und Herstellungskosten vorgeschrieben (§ 34 JHG). Ferner finden sich Grundsätze für den Ansatz und die Bewertung von Vermögen, Rückstellungen und Verbindlichkeiten im JHG. Außerdem gibt es im Gesetz Vorschriften über die Ermittlung des ausschüttbaren Gewinns (§ 290 JHG, Ausschüttungsbegrenzung).

Analog den Verweisen auf die Grundsätze ordnungsmäßiger Buchführung (GoB) im deutschen HGB (z. B. in § 238 Abs. 1 Satz 1 und § 264 Abs. 2 Satz 1 HGB) verweist § 32 Abs. 2 JHG auf die "Fairen Rechnungslegungskonventionen" (japanisch: Kosei naru Kaikei Kanko).

Nach Baetge lassen die deutschen handelsrechtlichen Vorschriften in ihrer Gesamtheit keine Dominanz einer der Jahresabschlusszwecke erkennen. Die deutsche handelsrechtliche Rechnungslegung dient danach bekanntlich dem "ausgewogenen und damit relativierten Schutz aller Jahresabschlussadressaten, also der Interessenregelung".[3]

Die Rechnungslegungsvorschriften des JHG orientieren sich grundsätzlich an dem Gläubigerschutzgedanken.[4] Außerdem verfolgen sie bei Aktiengesellschaften durch die Ermittlung des ausschüttbaren Gewinns das Ziel, die unterschiedlichen Interessen von Gläubigern und Aktionären gleichzeitig zu berücksichtigen (sog. Ausschüttungsregeln) und nähern sich insofern der von Baetge im deutschen Recht ermittelten Interessenregelung.

Die Prüfungspflicht des Einzelabschlusses durch Wirtschaftsprüfer wurde aufgrund des Sondergesetzes zum JHG vom 2. 4. 1974 für große Aktiengesellschaften (gezeichnetes Kapital höher als 500 Mio. YEN) eingeführt.

2.3. Wichtige Regelungen des Wertpapierhandels- und Börsengesetzes

Das JBörsG, das einerseits von allen börsennotierten Unternehmen und andererseits in besonderen Fällen von nichtbörsennotierten zu beachten ist, enthält weder für Einzel- noch für Konzernabschlüsse detaillierte Vorschriften zum Rechnungswesen. Jedoch ist ein Wertpapierbericht (Yuka Syoken Hokokusyo) vorgeschrieben, der von den dem JBörsG unterliegenden Unternehmen jedes Jahr nach § 24 Abs. 1 JBörsG beim Financial Services Agency einzureichen ist. Aufgrund einer in § 193 JBörsG vorgesehenen Verordnung des Financial Services Agency muß dieser Bericht als Bestandteil sowohl den Einzel- als auch den Konzernabschluss enthalten (sog. Offenlegungsregeln).

Da das JBörsG keine konkreten Rechnungslegungsvorschriften enthält, die von den dem JBörsG unterliegenden Unternehmen beachtet werden müssen, bilden faktisch die Grundsätze, die vom "Beirat für die Rechnungslegung von Unternehmen" (Business Accounting Deliberation Council: BADC) veröffentlicht werden, die Grundlage der börsengesetzlichen Rechnungslegung, obwohl weder die Einrichtung noch die Tätigkeit dieses Gremiums im JBörsG geregelt sind.

補章（Anhang） *171*

Dieses Gremium wurde in der Nachkriegszeit als Beirat des Finanzministers gebildet und hat ursprünglich auch als Standardsetting-Institution für handelsrechtliche Belange gewirkt. Heute ist seine Tätigkeit realiter auf die kapitalmarktorientierte Rechnungslegung begrenzt (s. u. Abschnitt 3.2.).

Während sich die handelsrechtliche Rechnungslegung in Japan an dem Ziel des Gläubigerschutzes und bei Aktiengesellschaften auch des Aktionärsschutzes orientiert, ist das Ziel nach dem JBörsG der Investorschutz, der durch die Vermittlung von für den Investor entscheidungsrelevanten Informationen erreicht werden soll. In Japan führen daher die börsengesetzlichen Vorschriften zu der sog. kapitalmarktorientierten Rechnungslegung.

Da die Aufstellung von Konzernabschlüssen im JHG weder vorgeschrieben noch geregelt ist und auch im JBörsG keine konkreten Regeln zur Bilanzierung enthalten sind, ergibt sich zwangsläufig, dass die im Wertpapierbericht enthaltenen Konzernabschlüsse nach kapitalmarktorientierten Regeln erstellt werden und nur für dem JBörsG unterliegende Unternehmen von Bedeutung sind. Der Konzernabschluss hat demnach in Japan - wie auch in Deutschland - grundsätzlich nicht die Funktion der Gewinnermittlung (Ausschüttung und Steuerberechnung). Er dient vielmehr nur der Information der Investoren.

In das JBörsG, das 1948 rechtskräftig wurde, hat man 1950 den § 193 II JBörsG eingefügt, der die Prüfungspflicht für Jahresabschlüsse vorschreibt. Durch Rechtsverordnung wurde dann die Prüfungspflicht auf Konzernabschlüsse nach JBörsG für die 1977 beginnenden Geschäftsjahre ausgedehnt.

2.4. Konzeptioneller Einfluss des Körperschaftssteuergesetzes auf die Rechnungslegung nach japanischem Handelsrecht

In Japan ist die Bemessungsgrundlage der Gewinn des Einzelabschlusses. Die behördliche Fachkompetenz liegt beim Ministerium der Finanzen.

Auch in Japan gibt es das Maßgeblichkeitsprinzip, das analog der deutschen Normierung in § 5 Abs. 1 Satz 1 EStG konstruiert ist. Die japanischen Gesellschaften müssen auf Grund des von der Gesellschafterversammlung festgestellten handelsrechtlichen Jahresabschlusses eine Steuerbilanz erstellen. Die enge Anbindung der steuerrechtlichen Gewinnermittlung an das Handelsrecht, die in Japan in

§ 74 JKöStG kodifiziert ist, wird dort als "Kakutei Kessan Syugi" bezeichnet. Außerdem verweist § 22 Abs. 4 JKöStG auf die "Allgemein als fair und angemessen anerkannten Rechnungslegungsstandards": japanisch "Ippan ni Kosei Dato to mitomerareru Kaikei Syori no Kijyun".

Auch in Japan findet man - wie in Deutschland - die Umkehrung des Maßgeblichkeitsprinzips. Daraus resultiert das Problem, dass die handelsrechtliche Rechnungslegung stark durch steuerrechtliche Vorschriften geprägt wird.

3. Vergleich der Normsetzung von Rechnungslegungsregeln (Standardsetting) in Deutschland und Japan

3.1. Zur Einrichtung des Standardsetters in Deutschland

Mit dem KonTraG vom 27. 4. 1998 wurden die rechtlichen Voraussetzungen für die Gründung eines Standardsetters in Deutschland geschaffen.[5]

Hierbei handelt es sich um die Regelungen der §§ 342, 342a HGB. § 342 HGB sieht vor, dass das Bundesministerium der Justiz eine privatrechtlich organisierte Einrichtung durch Vertrag anerkennen und ihr folgende Aufgaben übertragen kann:

- Entwicklung von Empfehlungen zur Anwendung der Grundsätze über die Konzernrechnungslegung,
- Beratung des Bundesministeriums der Justiz bei Gesetzgebungsvorhaben zu Rechnungslegungsvorschriften und
- Vertretung der Bundesrepublik Deutschland in internationalen Standardisierungsgremien.

Die Empfehlungen des Gremiums erlangen allerdings keine bindende Wirkung oder gar Gesetzeskraft und sind sehr bewusst auf die Konzernrechnungslegung beschränkt.[6]

Vor diesem Hintergrund ist bereits im Jahre 1998 das Deutsche Rechnungslegungs Standards Committee e.V. (DRSC) gegründet und vom Ministerium inzwischen als der deutsche Standardsetter anerkannt worden. Nach § 342a HGB hätte der Bundesminister der Justiz einen Rechnungslegungsbeirat gebildet, wenn

補章 (Anhang) *173*

es nicht zur Errichtung und Anerkennung eines privaten Rechnungslegungsgremiums gekommen wäre.

3.2. Normsetzungskompetenzen (Standardsetting) in Japan

Wie oben erwähnt wurde, ist der Standardsetter in Japan bisher der BADC, der seit Jahren laut Gesetz (§ 8 National Governmental Organization Law (NGOL)) als Beratungsgremium des Ministeriums der Finanzen wirkte. Im Jahr 1998 wurden als Folge der japanischen Bankenkrise die Kapitalmarktaufsichtsfunktionen aus dem Finanzministerium ausgegliedert und einem neu gegründeten Organ, das man als Börsenmarktaufsichtsamt bezeichnen könnte, übertragen. Seit 1. 7. 2000 gibt es für dieses Amt die offizielle englische Bezeichnung "Financial Services Agency". Dieses Amt untersteht dem Ministerpräsidenten und nicht dem Finanzminister. Auch der BADC, der unter der alten Bezeichnung weiter besteht, ist jetzt dieser Behörde und nicht mehr dem Ministerium der Finanzen zugeordnet.

Nach wie vor ist der BADC kein privates Rechnungslegungsgremium im Sinne des § 342 HGB, sondern eher mit dem (nicht realisierten) Rechnungslegungsbeirat im Sinne des § 342a HGB in Deutschland vergleichbar. Jedoch würde der deutsche Beirat, wäre er eingerichtet worden, nach § 342a HGB dem Bundesministerium der Justiz und nicht dem der Finanzen unterstehen, wie auch das DRSC vom Justizminister seinen Auftrag erhalten hat.

Der BADC hat die Aufgabe, "Grundsätze der Rechrungslegung von Unternehmen" (japanisch "Kigyo Kaikei Gensoku") sowie Stellungnahmen für solche Problembereiche zu veröffentlichen, die weder im Gesetz noch durch Verordnungen geregelt sind. Diese Grundsätze sind rechtlich bindend für die Unternehmen, die dem JBörsG unterliegen. Für diesen Teilbereich ist der BADC offizieller Standardsetter.

In der Regel orientiert sich aber auch die Auslegung des japanischen Handels- und Steuerrechts an den Grundsätzen des BADC. Nach allgemeiner Auffassung entsprechen die "Grundsätze der Rechnungslegung von Unternehmen" und die Stellungnahmen vom BADC den im JHG als "Faire Rechnungslegungskonventionen" und den im JKöStG als "Allgemein als fair und angemessen anerkannten Rechnungslegungsstandards" genannten Regeln.[7] Daher wirkt sich die Standardsetting-

Aktivität des BADC auch auf die Abschlüsse aus, die nach JHG oder JKöStG erstellt werden, so dass die Rechnungslegung nach den drei Rechtsquellen des Dreiecksystems[8] sich mehr oder minder zwangsweise vereinheitlicht. Die in **Abbildung 1** gezeichnete gestrichelt gezeichnete Relation zwischen JBörsG und JKöStG ist also faktisch existent.

"Die Grundsätze der Rechnungslegung von Unternehmen", die vom BADC entwickelt sind, bestehen aus den Grundsätzen für die Gewinn- und Verlustrechnung, den Grundsätzen für die Bilanz und den Allgemeinen Grundsätzen.[9] Darüber hinaus gibt es "Ergänzende Anmerkungen zu den Grundsätzen der Rechnungslegung von Unternehmen", die zum Beispiel das Prinzip der Wesentlichkeit enthalten.

Neben dem BADC gibt es in Japan das japanische Institut der Wirtschaftsprüfer (Japanese Institut of Certified Public Accountants: JICPA) als wichtige Institution. Das JICPA, das im Jahr 1949 nach dem Modell des amerikanischen Instituts (AICPA) gegründet wurde, spielt aber lediglich für die Interpretation von BADC-Veröffentlichungen eine Rolle, nicht jedoch für das Standardsetting.

3.3. Erneute Bestrebungen zur Restrukturierung des Standardsetters in Japan

Auf Grund der organisatorischen Veränderungen für das internationale Standardsetting im Rahmen des IASC gehen auch die japanischen Bestrebungen weiter, an diesen Entwicklungen teilzuhaben.

Im Dezember 1999 veröffentlichte die sog. Strategy Working Party, die im Jahre 1997 vom Board des IASC gegründet wurde, ihren endgültigen Bericht "Recommendations on Shaping IASC for the Future". In diesem Bericht werden zahlreiche Änderungen der gegenwärtigen Organisation des IASC vorgeschlagen. Nach Baetge/Thiele/Plock werden diesen eine richtungsweisende Bedeutung für die künftige Rolle und Arbeit des IASC zukommen.[10]

Nach dem Gesetzesmaterial[11] zum KonTraG ist im Bereich der Rechnungslegung die Entwicklung von Rechnungslegungsstandards durch Standardsetter international üblich. Im Regelfall haben die Standardsetter einen privaten Träger, zum Beispiel das Financial Accounting Standards Board (FASB) in den USA und das IASC. Wäre die Gründung eines nationalen Rechnungslegungsgremiums in

補章（Anhang）　*175*

Deutschland 1998 nicht unverzüglich in Angriff genommen worden, hätte man befürchten müssen, dass die weitere internationale Standardisierungsarbeit ohne hinreichende deutsche Einflussnahme erfolgt wäre.

Ähnliche Befürchtungen bestehen auch in Japan. In Japan wurde Restrukturierung des Standardsetters aus diesen Gründen intensiv diskutiert. Neue Bestrebungen zu seiner Errichtung betrachte ich im Vergleich der Entwicklung eines privaten Standardsetters in Deutschland und benutzen dazu die Hilfe der **Tabelle 2**, die die Verhältnisse (Stand: 31. 3. 2001) zeigt.

Tabelle 2:	Vergleich der Standardsetter in Japan und Deutschland	
Land	Japan	Deutschland
Standardsetter	BADC	DRSC
Rechtsgrundlage	§ 8 NGOL (Zur Zeit: Financial Services Agency-Oganisationsverordung)	§ 342 HGB
Administrative Zuständigkeit	Bis 30. 6. 2000: Ministerium der Finanzen Ab 1. 7. 2000: Financial Services Agency	Bundesministerium der Justiz
Anwendungsbereich	Einzel-und Konzernabschluss	Konzernabschluss
IASC-Vertretung	nein	ja
Organisationsform	Beirat einer hoheitlichen Institution	Privates Gremium

Wesentliche Unterschiede sehe ich in der Einbindung in das Recht. Während in Japan das BADC außerhalb des Handelsrechts geregelt ist, sind die Bildung und die Aufgaben des DRSC im deutschen Handelsrecht vorgeschrieben. Die ministerielle Zuständigkeit liegt seit kurzem in Japan nicht mehr beim Ministerium der Finanzen sondern beim Ministerpräsidenten, so dass die bisherige Nähe zur Fiskaladministration beseitigt ist. Die Zuständigkeit des Standardsetters sowohl für Einzel- als auch für Konzernabschlüsse in Japan ist für die Kompatibilität beider Abschlusstypen zweckmäßig. Aber die IASC-Vertretung und die Organisationsform wurden in Japan diskutiert.

Zuerst hat der Arbeitskreis der Liberal Demokratischen Partei im Dezember

1999 die Einrichtung eines Standardsetters in privater Initiative vorgeschlagen. Gemäß dem Vorschlag könnte die Gründung eines neuen Standardsetters nach dem deutschen Modell des DRSC in Japan ablaufen.[12]

Weiterhin hat das JICPA einen Vorschlag zur Restrukturierung des Standardsetters im März 2000 gemacht.[13] Dieser Vorschlag wurde von den Beteiligten aufgegriffen und ein Überarbeitungskommission ("The Review Project Team") im Ministerium der Finanzen eingerichtet, das aus Vertretern
- von Unternehmen,
- der Tokyo Stock Exchange und der Japan Securities Association,
- des JICPA,
- von Hochschulen und
- des Ministeriums der Finanzen

zusammengesetzt ist.

Nach diesem Vorschlag soll der neu geplante Standardsetter nicht zuletzt die folgenden Aufgaben wahrnehmen:
- Harmonisierung mit den IAS,
- (nationale) Harmonisierung zwischen der börsengesetzlichen Rechnungslegung und der handelsgesetzlichen Rechnungslegung in Japan.

Zudem ist er durch die folgenden Eigenschaften charakterisiert:
- Unabhängigkeit,
- Transparenz,
- Effizienz.

In diesem Zusammenhang wurde im Jahre 2001 der neue Standardsetter (Accounting Standards Board of Japan: ASBJ) gegründet. Seine Aufgabe besteht darin, als privates Gremium die Rechnungslegungsstandards zu erarbeiten. Die Erarbeitung der Empfehlungen durch diesen neuen Standardsetter wird im Gegensatz zu der des DRSC in Deutschland nicht auf den Konzernabschluss beschränkt sein.[14]

4. Befreiende Konzernabschlüsse nach international anerkannten Normen

4.1. Der befreiende Konzernabschluss in Deutschland

In Deutschland gibt es befreiende Konzernabschlüsse nach §§ 291, 292, 292a und 293 HGB. Nur die Fälle, die durch § 292a HGB geregelt sind, stehen hier zur Diskussion. Mit dem KapAEG vom 20. 4. 1998 wurde § 292a HGB in Deutschland eingeführt.[15] Danach können börsennotierte deutsche Mutterunternehmen unter bestimmten Voraussetzungen ihren Konzernabschluss nach internationalen Rechnungslegungsgrundsätzen anstatt nach dem HGB erstellen. Eine Änderung des § 292a HGB wurde durch das KapCoRiLiG vom 4. 2. 2000 vorgenommen.[16] Nach dem neuen § 292a HGB wird der Anwendungsbereich dieser Befreiungsregelung über börsennotierte Unternehmen hinaus ausgedehnt (auf Mutterunternehmen und Tochterunternehmen, die einen organisierten Markt in Anspruch nehmen). Allerdings tritt § 292a HGB am 31. 12. 2004 außer Kraft; die Bestimmung ist letztmals auf das Geschäftsjahr anzuwenden, das spätestens am 31. 12. 2004 endet. Nach dem Gesetzesmaterial zum KapAEG war der Rechtsausschuss der Auffassung, dass die Befreiungsregelung des § 292a HGB zu befristen sei. Er gab seiner Erwartung Ausdruck, dass die Bundesregierung Vorschläge zur Anpassung der Konzernrechnungslegungsvorschriften erarbeiten wird, die bis spätestens zum Jahre 2004 Gesetzesreife erlangt haben sollten.[17]

4.2. Der befreiende Konzernabschluss in Japan

Die Grundlage für die Konzernrechnungslegung japanischer Mutterunternehmen im Rahmen des JBörsG ist die offizielle Verlautbarung über die Grundsätze des Konzernabschlusses und die ergänzende Kommentierung, die beide im Jahr 1975 veröffentlicht wurden. Im Hinblick auf diese Veröffentlichungen des BADC erließ das Ministerium der Finanzen im Jahre 1976 die Verordnung über Konzernabschlüsse. Hierbei hat man u. a. erstmals für die Geschäftsjahre, die 1977 begannen, die Prüfungspflicht für Konzernbilanzen japanischer Mutterunternehmen eingeführt und gleichzeitig diejenigen inländischen Unternehmen von der Aufstellung konsolidierter Abschlüsse nach japanischen Vorschriften befreit, die einen Konzernabschluss nach den Vorschriften der SEC (US-GAAP) aufstellen.

Konzernabschlüsse japanischer Mutterunternehmen nach IAS sind dementsprechend im Prinzip nicht zulässig.

4.3. Gegenüberstellung der Befreiungsvorschriften in beiden Ländern

Ich stelle die wichtigsten Fakten zum befreienden Konzernabschluss in Japan und Deutschland in der **Tabelle 3** zusammen:

Tabelle 3:	Vergleich der Zulässigkeit von befreienden Konzernabschlüssen aufgrund der Anwendung international anerkannten in Japan und Deutschland	
Land	Japan	Deutschland
Rechtsgrundlage	Verordnung des Financial Service Agency (JBörsG)	§ 292a HGB
Aufstellungsnormen für nationale Mutterunternehmen	US-GAAP	International anerkannte Rechnungslegungsgrundsätze: US-GAAP, IAS.
Zulässig seit	1977	1998
Vorgesehense Ende der Befreiungsmöglichkeiten	Entscheidung noch offen	31. 12. 2004

Ein wichtiger Unterschied zwischen Japan und Deutschland besteht darin, dass diese japanische Befreiungsmaßnahme für inländische Mutterunternehmen im Gegensatz zu Deutschland nur für Konzernabschlüsse nach US-GAAP gilt und sie nicht im Rahmen des JHG, sondern im Rahmen des BörsG geregelt ist.

26 japanische Unternehmen erstellen bisher ihre Konzernabschlüsse nach den US-GAAP, in dem sie von einer Überleitungsrechnung Gebrauch machen, in der sie bestimmte Abschlussposten nach japanischem Recht in Posten nach US-GAAP umrechnen.[18]

4.4. Anwendung der IAS in Japan

Nach dem geltenden japanischen Recht darf der inländische Einzel- und Konzernabschluss grundsätzlich nicht nach den IAS aufgestellt werden. Deshalb gibt es kein japanisches Unternehmen, das zur Börsennotierung an einer japanischen Börse einen IAS-Abschluss aufstellt, und auch kein Unternehmen, das einen vollständigen Jahresabschluss nach den IAS anstatt nach dem nationalen Recht aufstellt (Stand: Geschäftsjahr 2002). Allerdings gibt es für japanische Unternehmen die Möglichkeit, in dem im Geschäftsbericht enthaltenen Konzernabschluss teilweise IAS-Vorschriften freiwillig anzuwenden.[19]

5. Zusammenfassung

Die Ausführungen dieses Aufsatzes lassen sich wie folgt zusammenfassen:
- Rechtliche Grundlagen der Rechnungslegung in Japan sind drei Rechtsquellen (JHG, JBörsG, JKöStG). Diese verfolgen partiell verschiedene Rechnungslegungszwecke, sind aber durch verbindliche Vorschriften aufeinander abgestimmt (Dreiecksystem).
- Im Rahmen des JBörsG ist der Konzernabschluss in Japan im wesentlichen für börsennotierte Unternehmen von Bedeutung. Die Konzernabschlüsse beider Länder erfüllen nicht die Funktion der Gewinnermittlung (Ausschüttung und Steuern). Mit der JHG-Reform 2002 müssen die großen Gesellschaften, die nach dem JBörsG ein Wertpapierbericht (Yuka Syoken Hokokusyo) aufstellen müssen, für das Jahr 2003 handelsrechtlich zu Informationszwecken Konzernabschlüsse aufstellen.
- In beiden Ländern kann man die enge Anbindung der steuerrechtlichen Gewinnermittlung an das Handelsrecht (Maßgeblichkeitsprinzip) und auch die Umkehrung des Maßgeblichkeitsprinzips finden.
- Beide Länder haben den eigenen Standardsetter. Ein wesentlicher Unterschied zwischen diesen besteht darin, dass der BADC in Japan im Gegensatz zu dem DRSC in Deutschland keine private Organisation und kein Vertreter Japans im IASC ist. Vor dem Hintergrund der neuen Bewegung zur Restrukturierung des IASC wurde in Japan die Einrichtung eines privaten Standardsetters diskutiert. In diesem Zusammenhang wurde im Jahre 2001 der neue private Standardsetter (ASBJ) gegründet. Die Erarbeitung der Empfehlungen durch den ASBJ wird im Gegensatz zu der des DRSC in Deutschland nicht auf den Konzernabschluss beschränkt sein.
- In beiden Ländern kennt man die Befreiungsmaßnahme vom Konzernabschluss nach den sog. international anerkannten Rechnungslegungsgrundsätzen. Dennoch ist festzustellen, dass die japanische Befreiungsmaßnahme -

anders als in Deutschland - nicht für Konzernabschlüsse nach IAS gilt und nur im Rahmen des JBörsG, nicht aber des JHG, zulässig ist.

Anmerkungen:

1) Arai/Shiratori, Legal and Conceptual Framework of Accounting in Japan, Tokyo (JICPA) 1991, S. 2–3.
2) *Ebenda.*, S. 5.
3) Baetge, J., Bilanzen, 4. Auflage, Düsseldorf 1996, S. 64 und Baetge/Kirsch, Grundsätze ordnungsmäßiger Buchführung, in: Küting/Weber (Hrsg.), Handbuch der Rechnungslegung, Bd. I a, 4. Auflage, Stuttgart 1995, S. 135–173.
4) in japanischer Sprache Ando, H. (Hrsg.), Kaikei-Framework to Kakei Kijyun (Titel in Deutsch übersetzt: Rahmenkonzept der Rechnungslegung und Rechnungslegungsstandards), Tokyo 1996, S. 6.
5) KonTraG: Gesetz zur Kontrolle und Transparenz im Unternehmensbereich vom 27. 4. 1998, BGBl Teil I, S. 786.
6) Ernst, C., Auswirkungen des KonTraG auf Rechnungslegung und Prüfung - Ein Beitrag zur Schließung der Erwartungslücke, in: Baetge, J. (Hrsg.), Auswirkungen des KonTraG auf Rechnungslegung und Prüfung, Düsseldorf 1999, S. 19.
7) in japanischer Sprache Arai, K. (Hrsg.), Kaikei Kijyun no Settei Syutai (Titel in Deutsch übersetzt: Der Standardsetter der Rechnungslegung), Tokyo 1993, S. 164.
8) Arai/Shiratori, *a.a.O.*, S. 3.
9) Vgl. ausführlich in deutscher Sprache Evard, C., Rechnungslegung in Japan, Berlin 1999, S. 122–127.
10) Baetge/Thiele/Plock, Die Restrukturierung des International Accounting Standards Committee - Das IASC auf dem Weg zum globalen Standard-setter?, DB 2000, S. 1033.
11) Beschlußempfehlung und Bericht des Rechtsausschusses zum KonTraG, BT- Drucks. 13/10038, 1998, S. 40.
12) Sub-Committee on Corporate Accounting Financial Research Committee of The Liberal Democratic Party, Proposal for Reform of Accounting Standard Setting Body of Japan - a preliminary draft- vom 21. 12. 1999, http:// www.y-shiozaki.or.jp/ yasuhisa/kawara. html, Stand: 20. 7. 2000, (in japanischer und englischer Sprache).
13) JICPA, Proposal for Rebuilding Accounting Standards Setting Body in Japan vom 22. 3. 2000, http://www. jicpa.or.jp/ n_topics/ toushin/ others/ setteisyutai. html, Stand: 20. 7. 2000 (in japanischer Sprache). Vgl. hierzu auch Nihon Keizai Shinbun (Zeitung in japanischer Sprache) vom 30. 6. 2000.
14) Vgl. Webseite des ASBJ (http://www. asb. or. jp)

補章（Anhang） *181*

15) KapAEG: Gesetz zur Verbesserung der Wettbewerbsfähigkeit deutscher Konzerne an Kapitalmärkten und zur Erleichterung der Aufnahme von Gesellschafterdarlehen vom 20. 4. 1998, BGBl Teil I, S. 707.

16) KapCoRiLiG: Gesetz zur Durchführung der Richtlinie des Rates der Europäischen Union zur Änderung der Bilanz - und der Konzernbilanzrichtlinie hinsichtlich ihres Anwendungsbereichs (90/605/EWG), zur Verbesserung der Offenlegung von Jahresabschlüssen und zur Änderung anderer handelsrechtlicher Bestimmungen vom 24. 2. 2000, BGBl Teil I, S. 154.

17) Beschlussempfehlung und Bericht des Rechtsausschusses zum KapAEG, BT- Drucks. 13/9909, 1998, S. 11.

18) Kuroda, M., Internationalisierung der Konzernrechnungslegung japanischer Unternehmen, ZfB 1998, S. 1101. z. B. Hitachi, Honda, Kyosera, Matsushita, NTT, Sony, TDK, Toyota usw.

19) in japanischer Sprache Koga/Igarashi, Kaikei Kijyun no Global-Senryaku (Titel in Deutsch übersetzt: Globale Strategie der Rechnungslegungsstandards), Tokyo 1998, S. 334.

終章　研究の総括と今後の展望

研究の総括

本書は，前半部分において，1990年代の後半から現在までに確認できるドイツの4つの会計関連立法を考察し，後半部分において，欧州裁判所の先決的判決問題について，3つの判例を中心に検討したものである。

本書での分析をつうじて，ドイツの会計国際化対応の現状と特徴に関し明らかになった点は，次のようにまとめることができよう。

（1）「国際的に認められた会計原則」（IAS/US-GAAP）に向けたドイツの会計制度改革は，その甘受か拒否かといった二者択一の方向ではなく，国際化対応への能動的な側面を内包する，国内外の制度調和のための再編の過程といえる。KapAEG，KonTraG，KapCoRiLiGそしてTransPuGへと続いた会計関連立法の現実の姿は，情報提供課題を担う連結決算書レベルに国際化対応の場面を局限し，利益決定の側面に重要な個別決算書レベルの改革を意識的に回避したものであった。すなわち，ドイツの会計国際化対応は，個別決算書と連結決算書とで対応場面を峻別する，二元的戦略をみせたところに特徴がある。しかも，個別決算書と連結決算書の線引きだけでなく，さらに「資本市場指向的企業」と「その他の企業」の会計規制の差別化を加えた，カテゴリー別の対応が商法典をベースに実行された。

（2）KapAEGは，会計国際化への二元的戦略を遂行するうえで，その起点となる法律であった。KapAEGによる免責条項（商法典第292a条）の目的は，資本市場を指向するドイツ大企業の先駆的な実務対応を，法制度上，支援する

ところにあった。したがって，この免責措置は，「国際的に認められた会計原則」準拠の連結決算書を認める商法上の特例であり，商法典の会計規定そのものを抜本的に改正することを意図したものではない。しかも，KapAEGの法制化の最終局面において，免責条項の適用範囲は，すべての「取引所上場企業」にまで拡張され，同時に，この免責措置は2004年までの時限立法とされた。また，免責条項の拡張は，1997年開設のドイツ国内の新興市場（ノイア・マルクト）を対象に含めるものであった。

（3）ただし，KapAEG法制化の当初の局面（法務省案）において，ドイツの二元的戦略のスタンスに"揺らぎ"が生じていた事実があった。そこでは，法務省案の商法典第264条3項（以後の立法経過で削除）をめぐって，個別決算書に対する「国際的に認められた会計原則」の適用が争点となった。すなわち，提案の第264条3項に関しては，その解釈と運用をつうじて，ドイツの正規の簿記の諸原則（GoB）が相対化されうる危険性が存在していた。

（4）KonTraGは，基準設定主体の設置条項（商法典第342条，第342a条）を創設したという意味で，会計国際化対応の基盤となる第2の法律であった。これにより設立されたDRSCは，国際レベルに向けたドイツの能動的対応の，まさに切札的存在である。立法資料から判明するとおり，DRSCの設置構想は，連結会計に焦点を当てたKapAEGの方針に矛盾しない形で展開された。つまり，ドイツにおいては，KapAEGによる会計規定改正の側面に加え，さらにKonTraGによる基準設定主体の側面から，「国際的に認められた会計原則」との接点が商法典の枠組みのなかで模索された。しかも，ここで意図されたのは，現行の会計立法方式を堅持しながら，それを補完する形で，国際基準をドイツに取り込むための組織づくりである。したがって，DRSCには連結レベルの会計基準（DRS）を策定する任務が与えられるものの，それに効力を付与する権限は，官報による公示方式のもと，法務省が有している。

（5）DRSCの設立という形で実現した，ドイツ版の基準設定主体の設置構想は，KapAEGからKonTraGへと，2つの法律を経由して現実化するに至った。その橋渡し的な（"結節点"としての）役割を果たしたのが，連立政権研究

グループの報告書「資本市場コンセプト」であった。しかも，この報告書は，キャッシュ・フロー計算書およびセグメント報告書の導入といったKonTraGに盛り込まれた重要な改正点，また，KapAEGの法制化の最終局面で実現した免責条項（商法典第292a条）の適用範囲の拡張に関する提案を含むものであった。

（6）KapCoRiLiGには，ドイツのEU法違反を連続して確認した欧州裁判所判決に対する速やかな対応という，これまでの法改正にはみられない立法動機が存在していた。さらに，KapCoRiLiGは，KapAEGによる免責条項（商法典第292a条）に関して，「取引所上場」という限定をいっそう緩和し，一定の非上場企業にまで，その適用範囲を拡張する側面を有していた。したがって，免責条項にもとづく会計規制の差別化戦略は，従来の「取引所上場」と「非上場」の線引きから，「資本市場指向的企業」と「その他の企業」の線引きへと一部修正が図られた。

（7）TransPuGの特徴は，その法制化の場面で，コーポレート・ガバナンス政府委員会の「報告書」が起点になると同時に，法務省とDRSCとの共同作業が遂行されたところにある。とくにDRSCが作成した「会計の国際化に関する法律案」は，法務省への助言任務（商法典第342条1項2号）にもとづくものであり，連結会計制度改革の下敷きとなるものであった。さらにTransPuGでは，先行の3つの法律の域を一歩出て，即座に改正が可能な，商法典の連結会計規定そのものの修正に踏み込んだ点が注目される。

（8）ドイツでは，目下，もう1つの対EU問題が進行している。Tomberger判決を起点とし，DE+ES判決，そしてBIAO判決へと連なる，欧州裁判所の先決的判決問題がそれである。ドイツ会計規準の欧州的側面に光が当たるこの先決的判決問題は，資本会社に固有のものではない。この問題は，非資本会社の個別決算書領域へ，また商法会計の領域から一定の範囲で税法会計の領域へと着実に広がる傾向をみせている。これにより，ドイツの裁判所と欧州裁判所間の決定権限の配置問題が現実化している。

（9）Tomberger判決は，ドイツにおける先決的判決問題の先駆けとなった

事例である。Tomberger判決で提起された最大の論点は，会計をめぐる係争の場面で，欧州裁判所が，そもそもその判断主体になり得るのか否かであった。実際には，この判決をつうじて，会計問題に対する欧州裁判所の決定権限が明示されることになった。これにより，利益決定の側面に重要な「実現原則」の解釈問題でさえも，先決的判決の対象になるという認識がもたらされた。

(10)「個別評価原則」の解釈を問題にしたDE+ES判決は，第2の先決的判決の事例であり，欧州裁判所の決定権限をあらためて確認するものであった。しかも，特徴的なのは，Tomberger判決が民事・刑事を扱うBGHを舞台にしていたのに対し，税をめぐる係争を管轄する（ケルン）財政裁判所がDE+ES判決の舞台になったという点である。その意味でDE+ES判決は，Tomberger判決にも増して，利益決定の側面に一段と踏み込んだ判例であるといえる。

(11) 第3の事例であるBIAO判決は，税務の場面での係争を扱う（ハンブルク）財政裁判所を舞台に提起されたこと，そしてやはり一括引当金の計上問題を取り扱ったという意味で，DE+ES判決に引き続くインパクトを備えたものである。しかも，そこでは，非資本会社に対する国内規定の解釈，さらには商法会計の領域にとどまらず，税法会計の領域が争点となった。また，BIAO判決では，わずかにしろIASへの言及がみられる点が注目される。この事実は，EC指令とドイツ会計規準の整合性の問題だけでなく，IASとEC指令，さらにはIASとドイツ規準との関係まで視野に入れた重層的な解釈問題が，欧州裁判所を舞台に繰り広げられる可能性を示唆するものといえる。

今後の展望

しかし，ドイツの会計国際化対応はこれにとどまるわけではない。2005年以降を視野に入れて，すでに新たな動きが始まっている。2005年とは，ドイツにとって，免責条項（商法典第292a条）の失効期限の経過と同時に，EUの「IAS適用命令」(2002年7月19日付)によるIASの導入時期を意味している。

「IAS適用命令」により，EUの資本市場指向的企業はIASにもとづく連結決算書の作成が義務づけられる。ただし，表1に示すように，資本市場指向的企

表1 「IAS適用命令」が定めるIASの実施方法

	連結決算書	個別決算書
資本市場指向的企業	IAS適用義務	加盟国選択権
その他の企業	加盟国選択権	加盟国選択権

業の個別決算書，ならびにその他の企業の連結決算書および個別決算書に対して，IASをどう扱うかは，加盟国の立法判断（加盟国選択権）にゆだねられている[1]。

したがって，注目されるのは，ドイツが「IAS適用命令」への対応にあたり，加盟国選択権をどのように行使するのかという点である。つまり，ドイツには，IASの義務化，任意適用，あるいは禁止という選択肢が認められている。

この点に関し，法務省と財務省が共同で2003年2月25日に発表した「企業の健全性および投資家保護の強化のための連邦政府の措置一覧」は，ドイツ会計制度改革の方向を見極めるうえで，重要な公的文書である。これは，2002年の夏に連邦政府が呈示した，いわゆる「10項目プログラム」を盛り込んだものである。「10項目プログラム」では，とくに「4．会計規準のさらなる発展および国際的会計基準への適合」の項目が，会計領域とって重要な意味を持つ。

それによれば，「IAS適用命令」で保証された加盟国選択権の行使に関して，連邦政府の提案は次のようになっている。すなわち，IASは，資本市場指向的企業の連結決算書を超えて，その他の企業の連結決算書，さらには，情報目的に限定のうえ，個別決算書に対しても適用される。その場合，個別決算書，ならびに非資本市場指向的企業の連結決算書に対しては，企業選択権によりIASを任意適用とすべきである[2]，と。

したがって，連邦政府による「10項目プログラム」の提案は，「IAS適用命令」の義務的範囲を超えて，表2に示すとおり，任意適用（企業選択権）の形で，資本市場指向的企業の個別決算書，ならびにその他の企業の連結決算書お

表2 「10項目プログラム」が提案するIASの実施方法

	連結決算書	個別決算書
資本市場指向的企業	IAS適用義務	任意適用（企業選択権）
その他の企業	任意適用（企業選択権）	任意適用（企業選択権）

および個別決算書に対して，IAS適用の可能性を開くものである。

　ただし，「10項目プログラム」によれば，個別決算書へのIAS適用は情報目的に限定され，別途，商法典準拠の個別決算書の作成が必須となる。すなわち，債権者保護，配当可能利益および課税所得の算定に資する商法典準拠の個別決算書は維持される。もっとも，企業には，情報目的に限定した（IAS準拠の—著者）個別決算書の作成を可能にする選択権が与えられるべきである。それは，商法典第325条にもとづき商業登記所に提出される個別決算書であり，大規模資本会社の場合，当該決算書は官報にも公示される。この選択権を利用する企業は，会社法目的および課税目的等のために，別途，商法典に準拠した個別決算書を作成しなければならない[3]，と。

　したがって，「10項目プログラム」は，ドイツの伝統的な個別決算書の放棄を意図するものではない。利益決定面に資する商法典準拠の個別決算書の保持を要件に，情報目的に特化したIAS準拠の個別決算書の作成という選択肢を企業に与えるところにポイントがある[4]。

　とはいえ，この「10項目プログラム」が提起する新しい側面は，国際化対応の場面をもはや連結決算書レベルに局限しないという点である。本書で明らかにしたように，KapAEGからTransPuGに至るまでのドイツの制度改革の特徴は，「国際的に認められた会計原則」を，連結決算書レベルで受け止める戦略的アプローチにあった。したがって，今後の焦点は，連結決算書と個別決算書の線引きという従来の枠組みを超えて，「10項目プログラム」が示唆するように，IAS指向の情報提供機能と，商法典指向の利益決定機能の両側面を，ドイツ会計制度がどのように整合的に備えていくかである。

ドイツの会計国際化対応は，いま，IASとUS-GAAPに並列的に対峙した次元から，IASへの対応に収れんしていく次元へと移行している。今後，ドイツの制度改革は，いわゆる「会計改革法」と「会計現代化法」のコンセプトにもとづき，二段階のステップを踏んで進められていく予定である[5]。

統一通貨ユーロは，EUの象徴である。もっとも，ユーロ硬貨（コイン）は，その表面が共通デザインであるのに対して，裏面には加盟国独自のデザインが施されている。このユーロ硬貨が示唆するように，硬貨の裏面に相当するドイツ会計の個性が，今後どのようなデザイン（制度設計）のもとで保持されていくのか，そのあり方を見極めていきたい。

【注】
1) Kahle, H. [2003], S. 1.
2) BMJ/BMF [2003], S. 6-7. なお，「10項目プログラム」によれば，「IAS適用命令」の経過措置を活用して，US-GAAP準拠のドイツ企業に対して，IASへの移行を2007年まで猶予すること，また資本市場を利用しない巨大企業の連結決算書に対して，IAS適用の義務化を検討することが提案されている。
3) *Ebenda*, S. 7. さらに，商法典の個別会計規定の修正に関して，連結決算書および個別決算書上の多くの選択権の撤廃（たとえば，費用性引当金の計上義務化および簡便的な評価法の限定）が提案されている。また，国際化対応のためのさらなる改革として，具体的に，金融商品に対する公正価値評価の連結決算書への導入，資産項目および引当金に対する新たな計上・評価方法の検討が提案されている。
4) この背景として，IASに準拠した個別決算書は利益決定目的に適さない，という考え方がある（Ernst, C. [2003], S. 1489., Kirsch, H. -J. [2003], S. 278.）。
5) Meyer, C. [2003], S. 850. まず，先行の「会計改革法」に関して，ここで対応されるべき課題は，「IAS適用命令」への対応，エンフォースメント機関の設置および監査人の独立性強化，EUの「公正価値指令」の転換等が中心になる。これを受けて，2003年12月に「会計法改革法（Bilanzrechtsreformgesetz）」および「会計統制法（Bilanzkontrollgesetz）」の法案（担当官草案）が公表された。また，後続の「会計現代化法」では，EUの「会計法現代化指令」の最終的な転換と，商法典のさらなる改革が実行される予定である。なお，ドイツ会計の将来像に関する論点整理として，木下勝一 [2003], 20-31頁が参考になる。

引用・参考文献一覧

【欧文献】

Ackermann, G. [1996], Führt der Weg auch bei den Bilanzen künftig über Luxemburg ?, DB 27/28, Editorial.
Ackermann, G. [1998], Nun werden auch die Deutschen aktiver, DB 22, Editorial.
Albach/Forster (Hrsg.) [1987], Beiträge zum Bilanzrichtlinien-Gesetz, Wiesbaden.
Albach/Klein (Hrsg.) [1988], Harmonisierung der Rechnungslegung in Europa, Wiesbaden.
Arbeitsgruppe Normierung der Rechnungslegung der Wissenschaftlichen Kommission Rechnungswesen im Verband der Hochschullehrer für Betriebswirtschaft [2002], Stellungnahme Nr. 3: Zum Entwurf der Grundsätze ordnungsmäßiger Rechnungslegung des DRSC, BB 50, S. 2595-2599.
Arbeitskreis Bilanzrecht der Hochschullehrer Rechtswissenschaft [2002], Zur Fortentwicklung des deutschen Bilanzrechts, BB 46, S. 2372-2381.
Arbeitskreis Externe Unternehmensrechnung der Schmalenbach-Gesellschaft für Betriebswirtschaft [2001], Die Zukunft der Rechnunglegung aus Sicht von Wissenschaft und Praxis, DB 4, S. 160-161.
Arbeitskreis Externe Unternehmensrechnung der Schmalenbach-Gesellschaft für Betriebswirtschaft [2002], Enforcement der Rechnungslegung, DB 42, S. 2173-2176.
Arbeitskreis Externe Unternehmensrechnung der Schmalenbach-Gesellschaft für Betriebswirtschaft [2003], International Financial Reporting Standards im Einzel- und Konzernabschluss unter der Prämisse eines Einheitsabschlusses für unter Anderem steuerliche Zwecke, DB 30, S. 1585-1588.
Auer, K. V. [1997], International harmonisierte Rechnungslegungsstandards aus Sicht der Aktionäre, Wiesbaden.
Back, C. [1999], Richtlinienkonforme Interpretation des Handelsbilanzrechts, Frankfurt.
Baetge, J. [1993], Harmonisierung der Rechnungslegung-haben die deutschen

Rechnungslegungsvorschriften noch eine Chance ?, in: Schmalenbach-Gesellschaft-Deutsche Gesellschaft für Betriebswirtschaft (Hrsg.), Internationalisierung der Wirtschaft, Stuttgart.

Baetge, J. [1996], Stellungnahme zum Entwurf eines Kapitalaufnahmeerleichterungsgesetzes vom 02. 07. 1996, (unveröffentlichte Stellungnahme), S. 1–12.

Baetge, J. (Hrsg.) [1999], Auswirkungen des KonTraG auf Rechnungslegung und Prüfung, Düsseldorf.

Baetge, J. (Hrsg.) [2000], Zur Rechnungslegung nach International Accounting Standards (IAS), Düsseldorf.

Baetge, J. (Hrsg.) [2001a], Deutsches Bilanzrecht- in der Krise oder im Aufbruch ?, Düsseldorf.

Baetge, J. (Hrsg.) [2001b], Internationale Grundsätze für Rechnungslegung und Prüfung, Düsseldorf.

Baetge/Börner/Forster/Schruff (Hrsg.) [1996], Rechnungslegung Prüfung und Beratung (Festschrift für Ludewig), Düsseldorf.

Baetge/Kirsch/Thiele [2002a], Bilanzen, 6. Aufl., Düsseldorf.

Baetge/Kirsch/Thiele [2002b], Konzernbilanzen, 6. Aufl., Düsseldorf.

Baetge/Krumnow/Noelle [2001], Das "Deutsche Rechnungslegungs Standards Committee" (DRSC), DB 15, S. 769–774.

Baetge/Lutter (Hrsg.) [2003], Abschlussprüfung und Corporate Governance, Köln.

Baetge/Thiele [1997], Gesellschafterschutz versus Gläubigerschutz–Rechenschaft versus Kapitalerhaltung, in: Budde/Moxter/Offerhaus (Hrsg.), Handelsbilanzen und Steuerbilanzen, Düsseldorf, S. 11–24.

Ballwieser, W. (Hrsg.) [2000], US-amerikanische Rechnungslegung, 4. Aufl., Stuttgart.

Ballwieser, W. [2002], Informations-GoB-auch im Lichte von IAS und US-GAAP, KoR 3, S. 115–121.

Ballwieser/Böcking/Drukarczyk/Schmidt (Hrsg.) [1994], Bilanzrecht und Kapitalmarkt (Festschrift für Moxter), Düsseldorf.

Ballwieser/Schildbach (Hrsg.) [1998], Rechnungslegung und Steuern international (Zfbf-Sonderheft), Düsseldorf.

Bärenz, C. [2003], Der EuGH und das deutsche Steuerbilanzrecht, DStR 13, S. 492–495.

Baums, T. (Hrsg.) [2001], Bericht der Regierungskommission Corporate Governance-Unternehmensführung · Unternehmenskontrolle · Modernisierung des Aktienrechts, Köln.

Bayer AG [1994], Geschäftsbericht 1994.

Beisse, H. [1999], Normqualität und Normstruktur von Bilanzvorschriften und Standards, BB 42, S. 2180-2186.

Beisse/Lutter/Närger (Hrsg.) [1993], Festschrift für Karl Beusch zum 68. Geburtstag, Berlin.

Berberich, J. [2002], Ein Framework für das DRSC, Berlin.

Biener, H. [1996], Fachnormen statt Rechtsnormen-Ein Beitrag zur Deregulierung der Rechnungslegung, in: Ballwieser/Moxter/Nonnenmacher (Hrsg.), Rechnungslegung-warum und wie, München, S. 59-79.

Biener, H. [2000], Das neue HGB-Bilanzrecht, Köln.

Biener/Berneke [1986], Bilanzrichtlinien-Gesetz: Textausgabe des Bilanzrichtlinien - Gesetzes vom 19. 12. 1985, Düsseldorf.

BMJ [1997], Verbandsrundschreiben zum Kapitalmarktkonzept der Koalitionsarbeitsgruppe vom 11. 12. 1997.

BMJ [1998], Verbandsrundschreiben zum Kapitalmarktkonzept der Koalitionsarbeitsgruppe vom 17. 02. 1998.

BMJ [1999a], Tischvorlage für die Anhörung am 10. 05. 1999.

BMJ [1999b], BMJ-Schreiben vom 14. 05. 1999, GmbHR 13, S. 707.

BMJ/BMF [2003], Mitteilung für die Presse: Bundesregierung stärkt Anlegerschutz und Unternehmensintegrität vom 25. 02. 2003. (http://www. bmj. bund. de)

Breidenbach, K. [1997], Normensetzung für die Rechnungslegung, Wiesbaden.

Buchheim/Gröner [2003], Anwendungsbereich der IAS-Verordnung an der Schnittstelle zu deutschem und zu EU-Bilanzrecht, BB 18, S. 953-955.

Busse von Colbe, W. [2002], Kleine Reform der Konzernrechnungslegung durch das TransPuG, BB 31, S. 1583-1588.

Büchel, F. [1994], EG-einheitliche Grundsätze ordnungsmäßiger Buchführung als Postulat der Gemeinschaftsrechtsordnung, Aachen.

Coenenberg/Pohle (Hrsg.) [2001], Internationale Rechnungslegung, Stuttgart.

Daimler Benz AG [1993], Geschäftsbericht 1993, und Form 20-F: Lising on the NYSE 1993.

Der Präsident des Bundesfinanzhofs (Hrsg.) [1993], Festschrift für 75 Jahre Reichsfinanzhof - Bundesfinanzhof, Bonn.

Deutsche Bank AG [1995], Geschäftsbericht, 1995.
Deutsche Börse [2003], Börsenordnung für die Frankfurter Wertpapierbörse (Stand: 01. 01. 2003). (http://www. deutsche-börse. com)
Dörner/Menold/Pfitzer/Oser [2003], Reform des Aktienrechts, der Rechnungslegung und der Prüfung, 2. Aufl., Stuttgart.
Dr. Otto Schmidt [1999], Eingabe zum Entwurf eines "KapCoRiLiG" vom 07. 05. 1999, GmbHR 13, S. 771.
Ernst, C. [1999], Die Grundzüge des Referentenentwurf zum Kapitalgesellschaften- & Co.-Richtlinie-Gesetz, DStR 22, S. 903–907.
Ernst, C. [2003], BB-Gesetzgebungsreport: Auswirkungen des 10-Punkte- Programms "Unternehmensintegrität und Anlegerschutz" auf das Bilanzrecht, BB 28/29, S. 1487–1491.
Ernst/Seibert/Stuckert [1998], KonTraG, KapAEG, StückAG, EuroEG, Düsseldorf.
Euler, R. [2002], Paradigmenwechsel im handelsrechtlichen Einzelabschluss: Von den GoB zu den IAS ?, BB 17, S. 875–880.
Fischer/Hömberg (Hrsg.) [1997], Jahresabschluß und Jahresabschlußprüfung (Festschrift für Baetge), Düsseldorf.
Forster/Grunewald/Lutter/Semler (Hrsg.) [1997], Aktien- und Bilanzrecht (Festschrift für Kropff), Düsseldorf.
Förschle/Kaiser/Moxter (Hrsg.) [1995], Rechenschaftslegung im Wandel (Festschrift für Budde), München.
Fresl, K. D. [2000], Die Europäisierung des deutschen Bilanzrechts, Wiesbaden.
Fuchs, M. [1997], Jahresabschlußpolitik und International Accounting Standards, Wiesbaden.
Funke, R. [1998], Noch einmal: Wer entscheidet im Bilanzrecht?, DB 24, Gastkommentar.
Goerdeler/Müller [1980], Die Behandlung von nichtigen oder schwebend unwirksamen Anschaffungsgeschäften, von Forderungsverzichten und Sanierungszuschüssen im Jahresabschluß, WPg 12, S. 313–322.
Großfeld, B. [1987], Bilanzrecht, Heidelberg.
Grotherr, S. [2003], Zur Entscheidungskompetenz des EuGH in bilanzsteuerrechtlichen Fragestellungen, IWB 9, S. 413–432.
Haselmann/Schick [1996], Phasengleiche Aktivierung von Dividendenansprüchen: Das Verwirrspiel im EuGH-Verfahren ist noch nicht beendet, DB 31, S. 1529–1532.

Heidemann/Sickmann [2003], Die Rechnungslegung nach 2004-Übergang vom HGB zu den IAS, StuB 14, S. 652-655.

Helmrich, H. [1986], Bilanzrichtlinien-Gesetz, München.

Hennrichs, J. [1999], Wahlrechte im Bilanzrecht der Kapitalgesellschaften, Köln.

Herzig, N. [1996], Anmerkung zur Entscheidung des EuGH (Rs. C-234/94), DB 27/28, S. 1401-1402.

Herzig/Bär [2003], Die Zukunft der steuerlichen Gewinnermittlung im Licht des europäischen Bilanzrechts, DB 1, S. 1-8.

Heusinger, S. [2001], Europäisierung des deutschen Bilanzsteuerrechts, Hamburg.

Hoffmann, W. -D. [1999a], Zur Zuständigkeit des EuGH in Fragen des Bilanzsteuerrechts, StuB 20, S. 1086-1087.

Hoffmann, W. -D. [1999b], Der EuGH als Mentor des deutschen Bilanzsteuerrechts, DStR 41, S. 1686-1688.

Hulle, K. V. [2002], Die europäische Rechnungslegungsstrategie, WPK-Mitteilungen 3, S. 178-181.

IDW [1996], Stellungnahme zum Entwurf eines Kapitalaufnahmeerleichterungsgesetzes, WPg 16, S. 593-596.

IDW [1998], Gesetzgebung: Klarstellung zu § 292a HGB, IDW-Fachnachrichten 8, S. 405.

Jonas, H. [1980], Die EG-Bilanzrichtlinie, Freiburg.

Kahle, H. [2003], Zur Zukunft der Rechnungslegung in Deutschland: IAS im Einzel- und Konzernabschluss ?, WPg 6, S. 262-275.

Kessler, H. [1999], Der EuGH und das Gebot des true and fair view, StuB 24, S. 1314-1315.

Kessler/Strickmann [2002], Facelifting für das auslaufende Konzernbilanzrecht, StuB 13, S. 629-640.

Kleindiek/Oehler (Hrsg.) [2000], Die Zukunft des deutschen Bilanzrechts, Köln.

Knobbe-Keuk/Klein/Moxter (Hrsg.) [1998], Handelsrecht und Steuerrecht (Festschrift für Döllerer), Düsseldorf.

Koalitionsarbeitsgruppe [1997], Bericht der Koalitionsarbeitsgruppe: Mehr Arbeitsplätze durch attraktive deutsche Kapitalmärkte-Kapitalmarktkonzept-vom 27. 11. 1997.

Kirsch, H. -J. [2002], Vom Bilanzrichtlinien- Gesetz zum Transparenz- und Publizitätsgesetz, WPg 14, S. 743-755.

Kirsch/Dohrn/Wirt [2002], Rechnungslegung- und Prüfungspraxis der Dax- 100-

Unternehmen, WPg 22, S. 1217-1231.

Kirsch, H. -J. [2003], Zur Frage der Umsetzung der Mitgliedstaatenwahlrechte der EU-Verordnung zur Anwendung der IAS/IFRS, WPg 6, S. 275-278.

KPMG Deutsche Treuhand-Gesellschaft (Hrsg.) [1999], International Accounting Standards, Stuttgart.

Kruse, H. W. [1978], Grundsätze ordnungsmässiger Buchführung, 3. Aufl., Köln.

Kuhn, K. [1997], Die Grundsätze ordnungsmäßiger Buchführung und der Maßgeblichkeitsgrundsatz unter dem Aspekt des Entwurfs eines "Kapitalaufnahmeerleichterungsgesetzes", in: Budde/Moxter/Offerhaus (Hrsg.), Handelsbilanzen und Steuerbilanzen, Düsseldorf, S. 299-313.

Küting/Langenbucher [1999], Internationale Rechnungslegung, Stuttgart.

Küting/Weber [1994], Internationale Bilanzierung, Herne/Berlin.

Küting/Weber (Hrsg.) [1995], Handbuch der Rechnungslegung, 4. Aufl., Stuttgart.

Küting/Weber (Hrsg.) [2002], Vom Financial Accounting zum Business Reporting, Stuttgart.

Lanfermann, J. (Hrsg.) [1995], Internationale Wirtschaftsprüfung (Festschrift für Havermann), Düsseldorf.

Leffson/Rückle/Großfeld (Hrsg.) [1986], Handwörterbuch unbestimmter Rechtsbegriffe im Bilanzrecht des HGB, Köln.

Lettmann, P. [1997], Internationale Rechnungslegung, Wiesbaden.

Maul/Greinert [2002], Der Lagebericht im Entwurf des Rahmenkonzepts des DSR, DB 50, S. 2605-2608.

Mellwig/Moxter/Ordelheide (Hrsg.) [1989], Handelsbilanz und Steuerbilanz, Wiesbaden.

Meyer, C. [2003], Konturen der Bilanzreform 2003/2004, DStR 20/21, S. 850-852.

Müller, W. [1997], Der Europäische Gerichtshof und die Grundsätze ordnungsmäßiger Buchführung, in: Herzig, N. (Hrsg.), Europäisierung des Bilanzrechts, Köln, S. 87-93.

Moxter, A. [1995], Zum Umfang der Entscheidungskompetenz des Europäischen Gerichtshofes im Bilanzrecht, BB 28/29, S. 1463-1466.

Moxter, A. [1996], Bilanzrechtsprechung, 4. Aufl., Tübingen.

Moxter, A. [1998], Pauschalrückstellungen in der Steuerbilanz unzulässig ?, DB 6, S. 269-272.

Moxter, A. [2001], Die Zukunft der Rechnungslegung ?, DB 12, S. 605-607.

Moxter, A. [2003a], Kommentar zur Entscheidung des EuGH (Rs. C-306/99), BB

7, S. 363.

Moxter, A. [2003b], Grundsätze ordnungsgemäßer Rechnungslegung, Düsseldorf.

Neuer Markt [1999], Neuer Markt Regelwerk Wertpapierbörse (Stand: 15. 09. 1999), (http://www.exchange.de.)

Niehus, R. J. [2002], Zur Internationalisierung der deutschen Konzernrechnungslegung, DB 2, S. 53-58.

Oestreicher/Spengel [1999], Maßgeblichkeit der International Accounting Standards für die steuerliche Gewinnermittlung ?, Baden-Baden.

Ordelheide, D. [1996], Internationalisierung der Rechnungslegung deutscher Unternehmen, WPg 15, S. 545-552.

Peemöller, V. H. [2003], Grundsätze ordnungsmäßiger Rechnungslegung, StuB 5, S. 211-217.

Peemöller/Finsterer/Neubert [1999], Bilanzierung von Unternehmen des Neuen Markts nach IAS und US-GAAP, BB 21, S. 1103-1108.

Peemöller/Spanier/Weller [2002], Internationalisierung der externen Rechnungslegung: Auswirkungen auf nicht kapitalmarktorientierte Unternehmen, BB 35, S. 1799-1803.

Pellens, B. [1999], Internationale Rechnungslegung, 3. Aufl., Stuttgart.

Pfitzer/Oser/Orth [2002], Zur Reform des Aktienrechts, der Rechnungslegung und Prüfung durch das TransPubG, DB 4, S. 157-165.

Prinz, U. [2003], Reform der deutschen Rechnungslegung, DStR 32, S. 1359-1364.

Rahlf, S. [2000], IAS-Bilanzierung und Besteuerung, Berlin.

Schaffer, A. [1999], Die Übernahme internationaler Normen in die deutsche Rechnungslegung, Köln.

Scheffler, W. [2003], Steuerbilanz und EuGH: Vorabentscheidungszuständigkeit, true and fair view und Vorsichtsprinzip, Wertaufhellung, StuB 7, S. 298-304.

Schering AG [1994], Geschäftsbericht, 1994.

Schneider, D.[2003], Konzernrechnungslegung nach IAS als Besteuerungsgrundlage?, BB 6, S. 299-304.

Schlösser, J. [2000], Wertaufhellung: Bringt der EuGH Licht ins Dunkel ?, StuB 6, S. 309-310.

Schön, W. [1998], Wer entscheidet im Bilanzrecht ?, DB 11, Gastkommentar.

Schruff, L. (Hrsg.) [1986], Entwicklung der 4. EG-Richtlinie, Düsseldorf.

Schruff, L. (Hrsg.) [1996], Bilanzrecht unter dem Einfluß internationaler Reformzwänge, Düsseldorf.

Schulze-Osterloh, J. [1995], Vorabentscheidungen des Europäischen Gerichtshofs zum Handelsbilanzrecht, ZGR 1, S. 170-189.

Schurbohm/Streckenbach [2002], Modernisierung der Konzernrechnungslegung durch das Transparenz- und Publizitätsgesetz, WPg 16, S. 845-853.

Schüppen, M. [1996], Die "Zuweisung von Gewinnen im Jahresabschluß"- Delphisches Orakel oder Salomonische Lösung ?, DB 30, S. 1481-1484.

Schütz, R. [2003], Der EuGH und die deutsche Steuerbilanz, DB 13, S. 688-691.

Strobel, W. [1996], Neuerungen des Handelsbilanzrechts in Richtung auf internationale Normen, BB 31, S. 1601-1607.

Tielmann, S. [2001], Druchsetzung ordnungsmäßiger Rechnungslegung, DB 31, S. 1625-1634.

Watrin, C. [2001], Sieben Thesen zur künftigen Regulierung der Rechnungslegung, DB 18, S. 933-938.

Weber-Grellet, H. [1996], Anmerkung zur Entscheidung des EuGH (Rs. C-234/94), DStR 28, S. 1094.

Wiechmann, J. [1999], Der Jahres- und Konzernabschluß der GmbH & Co. KG, WPg 23/24, S. 916-926.

Willeke, C. [2002], Zum Regierungsentwurf eines Transparenz- und Publizitätsgesetzes (TransPuG), StuB 5, S. 227-233.

Zeitler, F. -C. [2003], Rechnungslegung und Rechtsstaat, DB 29, S. 1529-1534.

Zitzelsberger, S. [1998], Überlegungen zur Einrichtung eines nationalen Rechnungslegungsgremiums in Deutschland, WPg 7, S. 246-259.

Zwirner, C. [1999], Ausweitung der Möglichkeiten zur internationalen Bilanzierung ?, StuB 16, S. 879-884.

【立法資料】

BiRiLiG [1980], Referentenentwurf eines Gesetzes zur Durchführung der Vierten Richtlinie des Rates der Europäischen Gemeinschaften zur Koordinierung des Gesellschaftsrechts (Bilanzrichtlinien-Gesetz- BiRiLiG), vom 05. 02. 1980.

BiRiLiG [1985], Gesetz zur Durchführung der Vierten, Siebenten und Achten Richtlinie des Rates der Europäischen Gemeinschaften zur Koordinierung des Gesellschaftsrechts (Bilanzrichtlinien-Gesetz- BiRiLiG) vom 19. 12. 1985, BGBl, Teil I, S. 2355-2433.

KapAEG [1996a], Referentenentwurf eines Kapitalaufnahmeerleichterungsgesetzes (vom 07. 06. 1996), WPg 15, S. 564-568., und Begründung, ZIP 47, S. 2000-2003.

KapAEG [1996b], Entwurf eines Kapitalaufnahmeerleichterungsgesetzes (vom 27. 11. 1996), BMJ 3507/17.

KapAEG [1996c], Entwurf eines Kapitalaufnahmeerleichterungsgesetzes (vom 20. 12. 1996), BR-Drucks. 967/96.

KapAEG [1997], Entwurf eines Kapitalaufnahmeerleichterungsgesetzes (vom 06. 03. 1997), BT-Drucks. 13/7141.

KapAEG [1998a], Beschlussempfehlung und Bericht des Rechtsausschusses (6. Ausschuss) zu dem Gesetzentwurf der Bundesregierung (vom 12. 02. 1998), BT-Drucks. 13/9909.

KapAEG [1998b], Gesetzesbeschluss des Deutschen Bundestages zu dem Entwurf eines Kapitalaufnahmeerleichterungsgesetzes (vom 13. 02. 1998), BR-Drucks. 137/98.

KapAEG [1998c], Kapitalaufnahmeerleichterungsgesetz (vom 20. 04. 1998), BGBl Teil I, S. 707-709.

KonTraG [1996], Referentenentwurf eines Gesetzes zur Kontrolle und Transparenz im Unternehmensbereich (vom 22. 11. 1996), ZIP 50, S. 2129-2139., und ZIP 51/52, S. 2193-2198.

KonTraG [1998a], Entwurf eines Gesetzes zur Kontrolle und Transparenz im Unternehmensbereich (vom 28. 01. 1998), BT-Drucks. 13/9712.

KonTraG [1998b], Beschlussempfehlung und Bericht des Rechtsausschusses (6. Ausschuss) zu dem Gesetzentwurf der Bundesregierung (vom 04. 03. 1998), BT-Drucks. 13/10038.

KonTraG [1998c], Gesetzesbeschluss des Deutschen Bundestages zu dem Entwurf eines Gesetzes zur Kontrolle und Transparenz im Unternehmensbereich (vom 06. 03. 1998), BR-Drucks. 203/98.

KonTraG [1998d], Gesetz zur Kontrolle und Transparenz im Unternehmensbereich (vom 27. 04. 1998), BGBl Teil I, S. 786-794.

KapCoRiLiG [1999a], Referentenentwurf eines Kapitalgesellschaften- und Co-Richtlinie-Gesetzes (vom 30. 03. 1999).

KapCoRiLiG [1999b], Entwurf eines Kapitalgesellschaften- und Co-Richtlinie-Gesetzes (vom 15. 10. 1999), BT-Drucks. 14/1806.

KapCoRiLiG [1999c], Entwurf eines Kapitalgesellschaften- und Co-Richtlinie-Gesetzes (vom 13. 08. 1999), BR-Drucks. 458/99.

KapCoRiLiG [1999d], Beschlussempfehlung und Bericht des Rechtsausschusses (6. Ausschuss) zu dem Gesetzentwurf der Bundesregierung (vom 14. 12. 1999), BT-Drucks. 14/2353.

KapCoRiLiG [2000], Kapitalgesellschaften- und Co-Richtlinie-Gesetz (vom 24. 02. 2000), BGBl Teil I, S. 154-162.

TransPuG [2001], Referentenentwurf des Transparenz- und Publizitätsgesetzes (vom 26. 11. 2001).*

TransPuG [2002a], Entwurf des Transparenz- und Publizitätsgesetzes (vom 06. 02. 2002), BT-Drucks. 14/8769.*

TransPuG [2002b], Beschlussempfehlung und Bericht des Rechtsausschusses (6. Ausschuss) zu dem Gesetzentwurf der Bundesregierung (vom 15. 05. 2002), BT-Drucks. 14/9079.*

TransPuG [2002c], Transparenz- und Publizitätsgesetz (vom 19. 07. 2002), BGBl Teil I, S. 2681-2687.

*http://www. bmj. bund. de

【判決資料】

BFH [2000], Urteil vom 28. 03. 2000 - VIII R 77/96, DB 29, S. 1442-1445.
BGH [1976], Urteil vom 03. 11. 1975 - II ZR 67/73, DB 1, S. 38-40.
BGH [1994], Beschluß vom 21. 07. 1994 - II ZR 82/93, BB 24, S. 1673-1675.
BGH [1998], Urteil vom 12. 01. 1998 - II ZR 82/93, DB 11, S. 567-569.
EuGH [1996a], Schlußanträge des Generalanwalts vom 25. 01. 1996, Rs. C-234/94, DB 6, S. 316-319.
EuGH [1996b], Urteil vom 27. 06. 1996, Rs. C-234/94, DB 27/28, S. 1400-1402.
EuGH [1997], Beschluß vom 10. 07. 1997, Rs. C-234/94: Urteilsberichtigung, BB 31, S. 1577-1579.
EuGH [1998], Schlußanträge des Generalanwalts vom 26. 11. 1998, Rs. C-275/97.*
EuGH [1999], Urteil vom 14. 09. 1999, Rs. C-275/97.*
EuGH [2001], Schlußanträge des Generalanwalts vom 15. 11. 2001, Rs. C-306/99.*
EuGH [2003], Urteil vom 07. 01. 2003, Rs. C-306/99.*
FG Köln [1997], Vorlagebeschluß vom 16. 07. 1997, K 812/97, EFG 19, S. 1166-1167.
FG Hamburg [1999],Vorlagebeschluß vom 22. 04. 1999, II 23/97 EFG 19, S. 1022-1034.

* http://www. curia. eu. int/jurisp/cgi-bin

【DRSCの公表資料】(http://www.drsc.de)

DRSC [1998a], Presseerklärung aus Anlaß der Einsetzung des Standardisierungsrates durch den Verwaltungsrat vom 15. 05. 1998.

DRSC [1998b], Standardisierungsvertrag zwischen dem BMJ und dem DRSC vom 03. 09. 1998.

DRSC [2000a], Vorschläge zur Reform der 7. EG Richtlinie vom 24. 07. 2000.

DRSC [2000b], Stellungnahme zu dem Fragenkatalog der Regierungskommission "Corporate Governance-Unternehmensführung・Unternehmenskontrolle・Modernisierung des Aktienrechts" vom 21. 09. 2000.

DRSC [2000c], Vorschläge zur Reform der 4. EG Richtlinie vom 07. 12. 2000, S. 1-14.

DRSC [2001], Entwurf eines Gesetzes "Zur Internationalisierung der Rechnungslegung" vom 06. 07. 2001.

DRSC [2002], Entwurf der Grundsätze ordnungsmäßiger Rechnungslegung (Rahmenkonzept) vom 16. 10. 2002.

【EUの公的文書】(http://www.europa.eu.int/comm/internal_market)

Kommission der EG [1995], Mitteilung der Kommission, Harmonisierung auf dem Gebiet der Rechnungslegung: Eine neue Strategie im Hinblick auf die internationale Harmonisierung, Dokument KOM (1995) 508 vom 11. 1995.

Kommission der EG [1998], Mitteilung der Kommission, Finanzdienstleistungen: Abstecken eines Aktionsrahmens, Dokument KOM (1998) 625 vom 28. 12. 1998.

Kommission der EG [1999], Mitteilung der Kommission, Finanzdienstleistungen: Umsetzung des Finanzmarktrahmens: Aktionsplan, Dokument KOM (1999) 232 vom 11. 05. 1999.

Kommission der EG [2000], Mitteilung der Kommission an den Rat und das Europäische Parlament, Rechnungslegungsstrategie der EU: Künftiges Vorgehen, Dokument KOM (2000) 359 vom 13. 06. 2000.

Europäische Union [2001], Richtlinie 2001/65/EG des Europäischen Parlaments und des Rates vom 27. 09. 2001 zur Änderung der Richtlinien 78/660/EWG, 83/349/EWG und 86/635/EWG des Rates im Hinblick auf die im Jahresabschluss bzw. im konsolidierten Abschluss von Gesellschaften bestimmter Rechtsformen und von Banken und anderen Finanzinstituten zulässigen Wertansätze, ABl L 283 vom 27. 10. 2001, S. 28-32.

Europäische Union [2002], Verordnung (EG) Nr. 1606/2002 des Europäischen Parlaments und des Rates vom 19. 07. 2002 betreffend die Anwendung internationaler Rechnungslegungsstandards, ABl L 243 vom 11. 09. 2002, S. 1-4.

Europäische Union [2003a], Richtlinie 2003/38/EG des Rates vom 13. 05. 2003 zur Änderung der Richtlinie 78/660/EWG über den Jahresabschluss von Gesellschaften bestimmter Rechtsformen hinsichtlich der in Euro ausgedrückten Beträge, ABl L 120 vom 15. 05. 2003, S. 22-23.

Europäische Union [2003b], Richtlinie 2003/51/EG des Europäischen Parlaments und des Rates vom 18. 06. 2003 zur Änderung der Richtlinie 78/660/EWG, 83/349/EWG, 86/635/EWG und 91/674/EWG über den Jahresabschluss und den konsolidierten Abschluss von Gesellschaften bestimmter Rechtsformen, von Banken und anderen Finanzinstituten sowie von Versicherungsunternehmen, ABl L 178 vom 17. 07. 2003, S. 16-22.

Europäische Union [2003c], Verordnung (EG) Nr. 1725/2003 der Kommision vom 29. 09. 2003 betreffend die Übernahme bestimmter internationaler Rechnungslegungsstandards in Übereinstimmung mit der Verordnung (EG) Nr. 1606/2002 des Europäischen Parlaments und des Rates, ABl L 261 vom 13. 10. 2003, S. 1-420.

〔独文雑誌略語〕

ABl	Amtsblatt
BB	Betriebs-Berater
BGBl	Bundesgesetzblatt
BR-Drucks.	Bundesratsdrucksache
BT-Drucks.	Bundestagsdrucksache
DB	Der Betrieb
DStR	Deutsches Steuerrecht
EFG	Entscheidungen der Finanzgerichte
GmbHR	GmbH Rundschau
IWB	Internationale Wirtschaftsbriefe
KoR	Zeitschrift für kapitalmarktorientierte Rechnungslegung

StuB	Steuern und Bilanzen
WPg	Die Wirtschaftsprüfung
Zfbf	Zeitschrift für betriebswirtschaftliche Forschung
ZGR	Zeitschrift für Unternehmens- und Gesellschaftsrecht
ZIP	Zeitschrift für Wirtschaftsrecht und Insolvenzpraxis

【邦文献】

新井清光（編）［1993］『会計基準の設定主体』中央経済社。
安藤英義（編）［1996］『会計フレームワークと会計基準』中央経済社。
安藤英義［1997］『商法会計制度論（新版）』白桃書房。
五十嵐邦正［1999］『現代静的会計論』森山書店。
石原肇［1998］「ドイツの資本調達容易化法」『會計』第154巻第2号，135-143頁。
磯山友幸［2002］『国際会計基準戦争』日経BP社。
伊藤邦雄［1996］『会計制度のダイナミズム』岩波書店。
浦野晴夫［1994］『確定決算基準会計』税務経理協会。
遠藤一久［1998］『現代ドイツの銀行会計』森山書店。
岡田依里［1997］『日本の会計と会計環境』同文舘。
小笠原昭夫［1993］「ECの司法制度（2）」『NBL』第534号，52-56頁。
小津稚加子［1998］「会計制度の国際移転が描く軌跡」『産業経理』第58巻第1号，67-74頁。
小津稚加子［2003］「フランスにおけるIASへの対応」日本会計研究学会・特別委員会（編）『国際会計基準の導入に関する総合的研究（最終報告書）』，100-110頁。
海外情報［1995］「ドイツにおける時価主義会計等の動向」『商事法務』第1409号，34-35頁。
海外情報［1997a］「ドイツの監査役会と会計監査人の権限強化」『商事法務』第1447号，38-39頁。
海外情報［1997b］「国際会計基準導入に関するドイツの動き」『商事法務』第1449号，32-33頁。
海外情報［1997c］「ドイツの第三次資本市場振興法案の概要」『商事法務』第1473号，40-41頁。
海外情報［1998］「国際会計基準導入のためのドイツにおける商法改正」『商事法務』第1488号，48-49頁。
海外情報［1999］「ドイツにおける中小企業の開示義務の強化」『商事法務』第1526号，48-49頁。

海外情報［2000］「EUにおける国際会計基準の採用決定」『商事法務』第1568号，94-95頁。

海外情報［2001a］「ドイツにおけるコーポレート・ガバナンス等会社法改正の動き」『商事法務』第1602号，104-105頁。

海外情報［2001b］「ドイツにおける企業法改正の動き」『商事法務』第1603号，60-61頁。

海外情報［2002］「ドイツにおけるコーポレート・ガバナンス・コードの制定」『商事法務』第1618号，40-41頁。

海外情報［2003］「ドイツにおける企業統治の強化と投資家保護の促進」『商事法務』第1662号，112-113頁。

加藤盛弘（編）［2000］『将来事象会計』森山書店。

加藤恭彦・遠藤久史［1999］「ドイツにおける『企業領域におけるコントロールと透明性に関する法律』の概説（3・完）」『甲南経営研究』第40巻第2号，155-170頁。

川口八洲雄［2000］『会計指令法の競争戦略』森山書店。

川端保至［2001］『19世紀ドイツ株式会社会計の研究』多賀出版。

木下勝一［1996］「ドイツ財務会計制度の伝統と国際的調和化論のなかでの対応」『會計』第149巻第3号，32-43頁。

木下勝一［1998］『企業集団税制改革論』森山書店。

木下勝一［2000］「『ドイツ会計基準委員会』の設立の現代的意義」『會計』第157巻第2号，65-78頁。

木下勝一［2003］「適用会計基準の混成システムのパラダイム転換か」『會計』第164巻第4号，20-31頁。

倉田幸路［1998a］「EUを意識した会計基準の国際的調和化に対するドイツの対応」『會計』第153巻第3号，37-50頁。

倉田幸路［1998b］「子会社に対する配当請求権をめぐる会計問題」『税経通信』1998年7月号，33-39頁。

倉田幸路［2003］「ドイツ市場改革とドイツ企業のIASへの対応」日本会計研究学会・特別委員会（編）『国際会計基準の導入に関する総合的研究（最終報告書）』，90-99頁。

黒田全紀［1989］『EC会計制度調和化論』有斐閣。

黒田全紀（編）［1993］『ドイツ財務会計の論点』同文舘。

黒田全紀・ラフィデナリヴ・ティアナ［1997］「フランス・ドイツにおける連結財務諸表法規制の変革動向」『商事法務』第1455号，9-14頁。

黒田全紀・ラフィデナリヴ・ティアナ［1998］「フランス・ドイツにおける会計基準設定主体の動向」『COFRIジャーナル』第33号，62-80頁。

郡司健［2000］『連結会計制度論』中央経済社。
古賀智敏・五十嵐則夫［1999］『会計基準のグローバル化戦略』森山書店。
阪本欣三郎（編）［1995］『現代会計の理論』法律文化社。
佐藤博明（編）［1999］『ドイツ会計の新展開』森山書店。
佐藤博明（監訳）［2002］『ドイツ連結会計論』森山書店。
佐藤誠二［2001］『会計国際化と資本市場統合』森山書店。
佐藤誠二［2003］「EUにおける会計国際化の新たな展開」『會計』第163巻第5号，87-102頁。
佐藤誠二・稲見亨［1998a］「国際資本市場へのドイツ商法会計の対応（1）」『會計』第154巻第4号，48-56頁。
佐藤誠二・稲見亨［1998b］「国際資本市場へのドイツ商法会計の対応（2・完）」，『會計』第154巻第5号，75-81頁。
佐藤誠二・稲見亨［1998c］「『資本調達容易化法』によるドイツ商法会計法の改正について」『静岡大学経済研究』第3巻第2号，131-141頁。
潮﨑智美［2001］「ドイツ企業によるIAS/US-GAAP採用の背景」『経済論究』（九州大学大学院）第109号，81-92頁。
白鳥栄一［1995］「国際化に動きだしたドイツ会計」『企業会計』第47巻第9号，120-123頁。
鈴木義夫［2000］『ドイツ会計制度改革論』森山書店。
高木正史［2002］「ドイツ会計規定における『正規の簿記の諸原則』（GoB）概念について」『日本文理大学商経学会誌』第20巻第1号，31-67頁。
高木靖史［1995］『ドイツ会計基準論』中央経済社。
千葉修身［2001］「DRS『ドイツ会計基準』の射程」『會計』第160巻第5号，81-97頁。
津守常弘［2002］『会計基準形成の論理』森山書店。
徳賀芳弘［2000］『国際会計論』中央経済社。
新田忠誓［1995］『動的貸借対照表論の原理と展開』白桃書房。
野村健太郎（編）［1999］『連結会計基準の国際的調和化』白桃書房。
林良治［2001］「ドイツ企業会計の現状と課題」『会計プログレス』第2号，72-79頁。
土方久［1998］『貸借対照表能力論』森山書店。
平松一夫［1998］「フランスとドイツにおける会計基準設定機関の国際化対応」『會計』第154巻第3号，1-11頁。
藤井則彦［2003］『中東欧諸国の会計と国際会計基準』同文舘。
藤井秀樹［2003］「会計基準の調和化をめぐる国際的動向と日本の調和化戦略」『會計』第163巻第2号，17-35頁。
古市峰子［1999］「会計基準設定プロセスの国際的調和化に向けたドイツの対応」

『金融研究』(日本銀行金融研究所), 135-162頁。
本多潤一 [1994]『ドイツにおける会計制度と関係法令』企業財務制度研究会。
本田良巳 [2003]『ドイツ金融会計論』税務経理協会。
正井章筰 [2003]『ドイツのコーポレート・ガバナンス』成文堂。
松本康一郎・稲見亨 [2003]「ドイツにおけるIASへの対応」日本会計研究学会・特別委員会 (編)『国際会計基準の導入に関する総合的研究 (最終報告書)』, 77-89頁。
松本剛 [1990]『ドイツ商法会計用語辞典』森山書店。
宮上一男・W.フレーリックス (監修) [1993]『現代ドイツ商法典 (第2版)』森山書店。
向伊知郎 [2003]「EUにおけるIFRS全面適用に向けての動向と課題」『會計』第164巻第3号, 77-90頁。
森美智代 [1997]『貸借対照表能力論の展開』中央経済社。
森美智代 [2000]「ドイツにおける会計制度の動向と企業の動き」『會計』第158巻第2号, 39-54頁。
森美智代 [2002]「ドイツ資本市場における上場企業の会計制度」『会計プログレス』第3号, 90-106頁。
森川八洲男 [1983]「西ドイツ会計法予備草案をめぐって (6・完)」『會計』第121巻第3号, 435-448頁。
森川八洲男 (編) [1998]『会計基準の国際的調和化』白桃書房。
森川八洲男 [2003]「ドイツ版概念フレームワークの構想」『企業会計』第55巻第10号, 4-13頁。
弥永真生 [2003]「EUにおけるIASへの対応」日本会計研究学会・特別委員会 (編)『国際会計基準の導入に関する総合的研究 (最終報告書)』, 53-76頁。
柳裕治 [2001]『税法会計制度の研究』森山書店。
山田辰巳 [2003]「IASBとFASBのノーウォーク合意について」『企業会計』第55巻第2号, 81-87頁。
山根裕子 [1995]『EU/EC法 (新版)』有信堂。
吉野正三郎 (編) [1992]『ECの法と裁判』成文堂。
稲見亨 [1996a]「ドイツからみたEU会計調和化の新たな論点」『西南学院大学商学論集』第43巻第2号, 49-59頁。
稲見亨 [1996b]「EC会社法指令とドイツ会計基準の関係について」『會計』第150巻第6号, 117-127頁。
稲見亨 [1996c]「ドイツ会計問題に対する欧州裁判所法務官の見解」『西南学院大学商学論集』第43巻第3号, 139-147頁。

稲見亨［1998a］「国際会計基準（IAS）とドイツ商法改正案」『西南学院大学商学論集』第44巻第3・4合併号，243-258頁。

稲見亨［1998b］「ドイツにおける『会計基準』の設定をめぐる議論」『西南学院大学商学論集』第45巻第2号，101-113頁。

稲見亨［2000a］「ドイツにおける会計基準設定主体の成立と国際資本市場対応」『西南学院大学商学論集』第46巻第3・4合併号，229-243頁。

稲見亨［2000b］「資本会社 & Co. 指令法（KapCoRiLiG）にみるドイツ会計制度の国際適応」『西南学院大学商学論集』第47巻第1号，19-37頁。

稲見亨［2000c］「IAS/US-GAAPの調和に積極的取り組み」『旬刊経理情報』第928号，16-19頁。

稲見亨［2002a］「コーポレート・ガバナンス改革論にみるドイツ会計制度の国際適合」『西南学院大学商学論集』第48巻第3・4合併号，259-274頁。

稲見亨［2002b］「ドイツにおける会計国際化法案」『西南学院大学商学論集』第49巻第2号，71-91頁。

稲見亨［2003］「ドイツの引当金会計問題に対する欧州裁判所の決定権限について」『西南学院大学商学論集』第49巻第3・4合併号，1-13頁。

索　引

あ行

IAS適用命令 …………1, 5, 6, 186, 187
IOSCO ……………………………28
アクションプログラム ……………3, 25

イギリス会社法 ……………………129
一般的に認められた技術水準…………51
Ecu適合指令 ……………………72, 77
EUの会計戦略：将来計画 …………5, 97
EUの議会および理事会 ……………99

FASB ………………………………43
SMAX ………………………………94
エンフォースメント ……96, 97, 98, 102

欧州経済共同体条約 …74, 108, 111, 122, 134, 146, 157
欧州裁判所法務官…121, 123, 131, 145, 160
欧州連合 ………………………………1

か行

外貨換算 ………………………………15
会計改革法 …………………………189
会計現代化法 ………………………189
会計指令法 ………………45, 107, 157
会計の国際化に関する法律案 …5, 89, 99, 102, 103, 185
会計法現代化指令 ……………………5, 6
会計報告責任 …………………………19

開示法 ……………………………81, 83
確定決算主義 …………………………2
貸倒償却 ……………………………142
株式会社 ……………………………130
株式合資会社 ………………………130
加盟国選択権 …………………100, 187
慣習法 ………………………………141
カントリー・リスク …158, 159, 160, 161

企業金融………………………………91
企業選択権 …………………………187
企業領域統制・透明化法 …………2, 39
基準性原則 2, 3, 16, 32, 46, 117, 131, 155, 161
規制緩和 …………………………49, 103
規制市場 ………73, 80, 81, 82, 83, 94, 100
客観化原則 ……………………116, 142, 143
キャッシュ・フロー計算書 4, 15, 40, 41, 51, 58, 62, 63, 64, 67, 71, 96, 100, 185
享益証券………………………………29
強制賦課金……………………………75
キリスト教民主/社会同盟 ……………58
金融派生商品 ……………………15, 29
逆基準性 ……………………………101

空白の一年 …………………………57, 67
偶発債務引当金 ……………………158

経済的観察法 ……………109, 111, 128
計上選択権および評価選択権…………50

結合企業に対する債権 ………………109
結節点 ………………………67, 184
ケルン財政裁判所 133, 134, 135, 136, 137,
　138, 139, 143, 146, 147, 149, 152
限界値 ………………………73, 77
減価償却のカオス ………………137

公式市場 ………………………100
工事進行基準………………………16
公聴会計議案………………………79
項目分類様式 ………………113, 114
コーポレート・ガバナンス…5, 40, 89, 90,
　102, 185
コーポレート・ガバナンス規準………91
国際会計基準 ………………………1
国際会計基準審議会 ………………4
国際財務報告基準 …………………1
個別引当金 …134, 136, 138, 146, 148, 158
個別評価原則 ……133, 134, 135, 136, 137,
　138, 139, 142, 143, 147, 150, 151, 152,
　160, 186
コンツェルン帰属性の推定 ……111, 122
合資会社 ………………………76, 77
合名会社 ………………………76, 77

さ行

債権者保護 …………………19, 188
最終意見書 …121, 123, 124, 125, 131, 145,
　148, 149, 160, 161
最大限の弾力性 ……………………36
最優先原則 …………………19, 114
財務報告調査パネル ………………96

シグナル効果 ……………………103
四半期報告書………………………95

資本維持指令 ……………………138
資本会社 & Co. 指令法 …………2, 71
資本参加による収益 ……………109
資本調達容易化法 …………………2, 9
資本連結 …………………………101
商慣習としてのGoB………………50
償却年度 …………………………159
商業帳簿 ……………………………2
商業登記所 ………………………188
証券取引開示規制 …………………2
所得税実施準則 …………………135
所得税ハンドブック ……………135
指令に合致した解釈原理 …………130
新株引受権証………………………81
慎重原則 …3, 15, 16, 30, 31, 32, 116, 137,
　138, 139, 140, 141, 142, 143, 148, 150,
　151, 161
信用機関 …………………………34, 93
GoB委員会 …………………………49
GoBの相対化 ………………………20
時限立法 ……………………3, 33, 36
自己株式……………………………40
自己資本比率規制 …………………93
事実問題 ………………141, 142, 143
実現原則110, 111, 112, 122, 124, 131, 133,
　143, 186
実定法………………………………91
10項目プログラム ……………187, 188
自由民主党…………………………58
上級地方裁判所 …………………110
条項法 ………………………10, 74
情報通信技術 ……………………90, 91
条約違反訴訟 ………………71, 74

推定的効力 …………………………4, 48

索引 211

ステーク・ホルダー……………………90
ストック・オプション…………………40
取得原価 ………………………………101
スリムな国家……………………………49

セグメント報告書 …4, 15, 40, 41, 51, 58,
　62, 64, 67, 71, 96, 100, 185
ゼネラル・スタンダード市場 …………7
宣言的意義………………………………15
潜在的債務 ……………………………150
税理士……………………………………44

た行

帯域幅 ……………………………142, 143
貸借対照表真実性の原則 ……………128
大陸ヨーロッパ的な選択権 ……………28
第三次金融市場振興法…………………59
ダイナミックな資本市場………………59
ダイハツ決定……………………………75
DAX ……………………………………94

地方裁判所 ……………………………110
中間報告書 …………………………94, 95
調整計算表 ……………11, 26, 27, 30, 31
直接税 ……………………………148, 149
チリ国営採掘会社 ……………………156
転換群 …………………………………130
転換社債…………………………………29
true and fair view…121, 128, 129, 139, 157
デュアル決算書…………………………26
電子媒体…………………………………95

統一通貨ユーロ ………………………189
登記裁判所 …………………………32, 75

投資協定 ………………………………156
透明化・開示法 ……………………2, 89
取引所認可命令…………………………35
取引所法…………………………………94
ドイツ会計基準委員会 ……………4, 39
ドイツ会計規準の欧州的側面 …6, 7, 107,
　112, 155, 163, 185
ドイツ会計基準…………………………47
ドイツ工業規格協会 ………………44, 51
ドイツ経済監査士協会…………………17

な行

内国法人 ……………………………31, 32
内部利益 ………………………………101

二元的戦略 ………………7, 25, 183, 184
2005年対応 ………………………………1
ニューヨーク証券取引所 …………26, 27

年度決算書の正規性……………………98

ノイア・マルクト …3, 33, 35, 37, 94, 184

は行

判決訂正決定 …………………………124
ハンブルク財政裁判所 ……157, 159, 160
ハンブルク税務署 ……………………156
パラレル決算書…………………………26
一株当たり利益…………………………62
評価替法 ………………………………101
評価の裁量の余地 ……139, 142, 143, 147

フォーム20-F ……………………………27
複合モデル ………………………43, 65, 66

付託義務 ……………………………152
付託決定 ……109, 111, 112, 117, 118, 121, 122, 131, 133, 134, 137, 139, 145, 146, 159
フランス法 …………………………156
プライム・スタンダード市場 …………7
部分連結決算書 ………………31, 100

ベルクハイム税務署 ………133, 134, 145
弁護士………………………………44
ベンチマーク………………………60
ベンチャー・キャピタル……………58

法規としてのGoB…………………50
法規範 ………………………47, 50, 121
法的観察法 ……………………109, 128
法的不安定性 …………………16, 121
法務省の担当官草案 ………………9
法務省への助言任務 ………89, 99, 185
法問題 ………………………141, 142
保険企業……………………………34
保護条項 …………………………101
ホルツマン事件……………………90

ま行

無限責任社員………………………76

明示的な加盟国選択権 ……………116

持分法 …………………………112, 124
黙示的な加盟国選択権 ……………116

や行

有価証券取引法 ……………80, 81, 82, 93
有限会社 & Co. 指令…72, 73, 74, 75, 76, 83
有限合資会社 …………………76, 83

ら行

リース………………………………15
利益処分案 ………………………109
利益配当請求権の同一時期の計上 …109, 112, 122, 124, 125, 128, 129
利害関係者 ………………13, 14, 27, 90
リスク情報…………………………41
理性的な商人の判断 …101, 139, 141, 142, 143

ルクセンブルク ……………………131

歴史的瞬間…………………………57
連結決算書基準日 ………………100
連結決算書免責命令 ………10, 11, 31, 32
連結範囲 …………………………101
連邦議会法務委員会 ……34, 41, 71, 130
連邦経済省 ……………………34, 42
連邦財政裁判所 …………………139
連邦財務省 ……………………34, 42
連邦通常裁判所 …………………107
連邦法務省 ……………………34, 41, 42
連絡委員会 ……………………30, 31
連立政権研究グループ …………58, 184

著者略歴

稲　見　亨（いなみ・とおる）

1966年7月　　兵庫県に生まれる
1989年3月　　立命館大学経営学部卒業
1991年3月　　立命館大学大学院経営学研究科博士前期課程修了
1994年3月　　同研究科博士後期課程修了，経営学博士
1994年4月　　西南学院大学商学部専任講師
1996年4月　　西南学院大学商学部助教授
1999年9月　　ミュンスター大学客員研究員（2000年9月まで）
2002年4月　　西南学院大学商学部教授（現在に至る）

主要業績
【共著】『現代会計の理論』（阪本欣三郎編，法律文化社，1995年）
　　　　『ドイツ会計の新展開』（佐藤博明編，森山書店，1999年）
　　　　『ドイツ連結会計論』（佐藤博明監訳，森山書店，2002年）
【論文】「EC会社法指令とドイツ会計基準の関係について」
　　　　（『會計』第150巻第6号，1996年）
　　　　「欧州裁判所の判例にみるドイツ会計の国際的側面」
　　　　（『會計』第164巻第1号，2003年）
　　　　"Die jüngsten Reformen der Rechnungslegung in Japan", (IWB Heft 20/2000, NWB-Verlag, Zusammenarbeit mit Wilfried Bechtel)

著者との協定
により検印を
省略します

ドイツ会計国際化論
（かいけいこくさい　か　ろん）

2004年3月10日　初版第1刷発行

著　者　　©稲　見　亨
発行者　　菅　田　直　文
発行所　　有限会社　森山書店　　東京都千代田区神田錦町
　　　　　　　　　　　　　　　　1-10林ビル（〒101-0054）
　　　　　TEL 03-3293-7061　FAX 03-3293-7063　振替口座 00180-9-32919

落丁・乱丁本はお取りかえします　　　印刷／製本・㈱シナノ

本書の内容の一部あるいは全部を無断で複写複製する
ことは，著作権および出版社の権利の侵害となります
ので，その場合は予め小社あて許諾を求めてください。

ISBN 4-8394-1987-6